*Erwin Ulmer*

# 111 Orte in Ulm, um Ulm und um Ulm herum, die man gesehen haben muss

111



emons:

**Bibliografische Information der Deutschen Nationalbibliothek**
Die Deutsche Nationalbibliothek verzeichnet diese Publikation in der Deutschen Nationalbibliografie; detaillierte bibliografische Daten sind im Internet über http://dnb.d-nb.de abrufbar.


Herzlichen Dank an alle Museen und sonstigen Einrichtungen, die mir die Erlaubnis erteilt haben, in ihren Räumen Fotos zu machen und diese zu veröffentlichen.

Layout: Eva Kraskes, nach einem Konzept
von Lübbeke | Naumann | Thoben
Kartografie: altancicek.design, www.altancicek.de
Kartenbasisinformationen aus Openstreetmap,

Druck und Bindung: B.O.S.S Medien GmbH, Goch
Printed in Germany 2016
ISBN 978-3-95451-856-2
Originalausgabe

# Vorwort

Was macht Ulm und seine Umgebung so spannend, so außergewöhnlich, so faszinierend?

Die Einzigartigkeit dieser Stadt und ihres Umfelds besteht aus der Mischung von Großartigem und Unscheinbarem, Erfreulichem und Traurigem, Historischem und Modernem, vergleichbar mit einem Mosaik, das aus vielen Steinchen ein Gesamtkunstwerk entstehen lässt. Darum führt Sie dieses Buch nicht nur zur Astronomischen Uhr am Rathaus, sondern auch zu einer alten Backsteinfassade und zu einem geflickten Loch in einer Mauer. Hinter allem steckt immer eine spannende Geschichte.

Ulm und seine Umgebung kann man nicht nur mit den Augen, sondern auch mit den Ohren kennenlernen. Vernehmen Sie mal bewusst am Schwörmontag den ehernen Ton der Schwörglocke, hören sie den herrlichen Melodien des Straßencellisten oder des Carillons in Illertissen zu! Erleben Sie Ulm mit geschlossenen Augen, indem Sie sich auf dem bronzenen Stadtrelief durch die Straßen tasten oder die Pflanzen im Sinnesgarten Untermarchtal und im Kobelgraben erspüren. Erfahren Sie, wie gut sich Ulm anfühlt, wenn man die Tiere im Tiergarten streichelt oder auch im Edwin Scharff Museum und im Naturkundemuseum Experimente für den Tastsinn machen darf. Riechen Sie mal, wie im Rosengarten oder im Botanischen Garten die Blumen und Sträucher duften. Erobern Sie Ulm und die ganze Region mit Ihrem Gaumen, es lohnt sich. Hier gibt es viele hervorragende Gaststätten, in denen Sie kulinarisch verwöhnt werden.

Und dann sind da noch die Menschen, die hier wohnen! Wer fast ein Jahr lang wie der Autor Ulm und die Region erkundet, hat die Gelegenheit, einen ausgesprochen sympathischen und hilfsbereiten Menschenschlag kennenzulernen.

Ulm und alles um Ulm herum ist nicht nur sehens-, hörens-, fühlens-, riechens- und schmeckenswert, Ulm ist einfach lebens-und liebenswert!

# 111 Orte

# 1 Der Krippenweg

*Weihnachten übers ganze Jahr*

Es war ein außergewöhnlicher Auftrag für die renommierte Agentur »Milla & Partner«, die schon für das Konzept mehrerer berühmter Museen verantwortlich gezeichnet hat: die Gestaltung einer neuen Krippenlandschaft im Kloster Bonlanden. Und sie ist gut gelungen!

Es ist Nacht, genauer gesagt Morgengrauen in dem 160 Quadratmeter großen Ausstellungsraum. Am pechschwarzen Himmel strahlen scheinbar unendlich viele Sterne. Am Horizont erscheinen die ersten Sonnenstrahlen, die den unteren Rand des Raumes in ein tiefes Blau tauchen. Im grellen Scheinwerferlicht dagegen liegen Landschaft, Gebäude und die etwa 370 Krippenfiguren. Der Besucher kann die 16 Szenen der erweiterten Weihnachtsgeschichte von der Prophezeiung bis zur Hochzeit von Kana erwandern. Zwischen der großzügigen, realitätsnahen Landschaft Palästinas finden auch größere Besuchermengen genügend Platz zum Betrachten. Vor einer orientalischen Kulisse spielt sich das Leben des jungen Jesus in prächtigen, aber auch in intimen Szenen ab. Der »Zug der Drei Könige« und die Szene im Tempel zeigen Figuren in kostspieligen Brokatgewändern, während Maria und ihre Base Elisabeth bei ihrem Treffen in der Zeit der Schwangerschaft deutlich bescheidenere Kleider tragen. Neben der großen Barockkrippe zeigen die Bonlandener Schwestern zudem Krippen aus außereuropäischen Gebieten, in denen sie Missionsstationen betreiben oder betrieben haben.

Die Franziskanerinnen wollen in dieser Ausstellung auch an ihren Ordensgründer erinnern, der als der Erfinder der Weihnachtskrippen gilt. Er hat in der Christnacht des Jahres 1223 das Heilsgeschehen mit lebenden Figuren (Menschen und Tieren) nachstellen lassen. Genauso wie damals können heute Familien in bereitliegende Kostüme schlüpfen und als Josef, Maria, König oder Hirte verkleidet das Wunder von Bethlehem nachspielen und sich dabei fotografieren lassen.

**Adresse** Franziskanerinnen von Bonlanden, Faustin-Mennel-Straße 1, 88450 Berkheim-Bonlanden | **ÖPNV** Bahnhof Kellmünz/Iller Buslinie 251 über Erolzheim nach Bonlanden, Haltestelle Kloster | **Anfahrt** A 7 Ulm nach Memmingen, Ausfahrt Dettingen in Richtung Berkheim. In Erolzheim links nach Bonlanden, dort rechts. | **Öffnungszeiten** täglich 10–17 Uhr | **Tipp** Das Klostercafé hat immer zeitgleich mit dem Krippenweg geöffnet. Spezialität sind die frischen Kuchen aus der Klosterbäckerei.

# 2 Die Blau

*Ein Fluss sagt seine Meinung*

Ich glaube, man unterschätzt mich einfach! Ich bin zwar nur 22,2 Kilometer lang, aber diese Kilometer haben's in sich. Schon meine Quelle ist rekordverdächtig, denn ihre durchschnittliche Schüttung beträgt sagenhafte 2.300 Liter pro Sekunde, ist also die zweitstärkste Quelle Deutschlands. Mein Wasser speist den berühmten Blautopf, der eine solch schöne blaugrüne Farbe hat, dass er jährlich mehr als 100.000 Besucher anzieht. Diese meinen natürlich alle, ich hätte meinen Namen von der Farbe meines Wassers. Stimmt nicht, der ist keltischen Ursprungs!

Auf meinem weiteren Weg Richtung Ulm habe ich mit meinem Wasser ein traumhaft schönes Tal geschaffen. In Ulm angekommen, teile ich mich in die Große und die Kleine Blau, und zum Schluss durchfließe ich das ebenfalls berühmte Fischerviertel. Man stelle sich dieses Quartier ohne mich vor! Früher hätten weder die Müller ihre Mühlen betreiben noch die Gerber ihre stinkenden Felle wässern können. Und heute? Ohne mich wäre das Fischerviertel nur halb so schön, die Touristen blieben weg, und die Hälfte der Wirte könnte ihre Kneipen schließen. Schon ein paar Meter weiter muss ich mich in die Donau ergießen, damit diese noch großspuriger und breiter durch Ulm fließen kann. Ja, liebe Donau, eigentlich bist du im Vergleich zu mir doch ein armseliger Wurm! Deine Quelle bei Furtwangen liefert gerade mal einen Liter pro Sekunde. Und dann wird dir dieser Ursprung noch von den Donaueschingern streitig gemacht. Das ist ja wie ein Kind, das nicht weiß, wer sein Vater ist. Das Schlimmste aber ist, dass du die meiste Zeit bei Immendingen einfach verschwindest und dein Wasser dann dem Rhein spendierst. Schäm dich!

Also, liebe Donau, in Zukunft etwas mehr Respekt vor mir und denk an den Text des berühmten Donauwalzers von Strauß! Dort heißt es so treffend: »Donau so Blau, so schön und Blau!« Der Verfasser wusste, was sich gehört!

Adresse zwischen 89143 Blaubeuren und 89073 Ulm | Tipp Fahrrad in den Zug nach Blaubeuren einladen und dann zurück nach Ulm per Muskelkraft. Einkehren nicht vergessen und immer wieder die Blau bewundern.

# 3 Die Dodel-Vitrine

*Man nannte ihn den Schwäbischen Salomon*

Dodelweg! Bestimmt nicht jeder Blaubeurer weiß etwas mit diesem Namen anzufangen, vielleicht hat er mit dem Wort »dudeln«, dem schwäbischen Synonym für »saufen«, zu tun? Nun, wenn der Vorname Wilhelm dabeistünde, wüsste man den Namen einer Person zuzuordnen.

Also ganz kurz: Dodel war von 1892 bis 1913 Oberamtsrichter in Blaubeuren und wurde durch seine ungewöhnliche Prozessführung und Urteilsfindung berühmt. Eine Reihe von Anekdoten bringt die Menschen heute noch zum Schmunzeln. Zum Beispiel folgende: Ein Mann wurde beim nächtlichen Heimgang erwischt, als er sich am Blaubeurener Gerichtsgebäude erleichterte. Dodel brummte ihm 15 Mark Strafe dafür auf, damals recht viel Geld für ein solch kleines Vergehen. Die Begründung: Hätte er an das gegenüberliegende Finanzamt gepinkelt, wäre es viel billiger geworden. Eine andere Geschichte erzählt von einem Ziegenpaar, das in aller Öffentlichkeit sein Liebesspiel trieb, und zwar so heftig, dass dabei an einem Stand mit Töpferwaren eine Menge Geschirr zu Bruch ging. Nun stellte sich die Frage, wer den Schaden bezahlen sollte, der Besitzer des Bocks oder der Geiß. Dodel fällte folgendes Urteil: Der Besitzer der Geiß musste zwei Drittel, der Eigentümer des Bocks nur ein Drittel des Schadens bezahlen. Warum? Der Bock war nur auf zwei Beinen unterwegs, die Geiß aber auf vier.

Im Badhaus der Mönche ist eine Vitrine mit Gegenständen von Dodel eingerichtet. Zu sehen sind darin Glasgeschirr, eine Mütze, sein Bierkrug und vor allem der Holzhammer, mit dem er seine Gerichtsurteile besiegelte. Es wäre natürlich wenig sinnvoll, nach der Besichtigung der Dodel'schen Vitrine das Badhaus schnurstracks zu verlassen! Das Gebäude ist ein Stück klösterliche Kulturgeschichte. Die Mönche hatten sich ein eigenes Badehaus aus Keuschheitsgründen errichtet, mit repräsentativen Räumen im Obergeschoss, die von der Wärme der im Erdgeschoss befindlichen Badestube profitierten.

**Adresse** Badhaus der Mönche/Heimatmuseum, Klosterhof 11, 89143 Blaubeuren | **ÖPNV** vom Bahnhof Blaubeuren 25 Minuten zu Fuß auf Karl- und Lindenstraße Richtung Kloster | **Anfahrt** B 28 Ulm–Bad Urach, Abfahrt Blaubeuren, direkt beim Kloster neben dem Blautopf gibt es viele Parkplätze. | **Öffnungszeiten** Ende März–Ende Okt. Di–Fr 10–16 Uhr, Sa, So 10–17 Uhr | **Tipp** Die Klosterkirche besitzt einen sehr wertvollen spätgotischen Altar von dem berühmten Bildhauer Michel Erhart. Das Chorgestühl stammt aus der Werkstatt von Jörg Syrlin, der auch das Ulmer Chorgestühl geschaffen hat.

# 4 Die Geierknochenflöte

*Das älteste Musikinstrument der Welt*

Baden-Württemberg hat vermutlich weltweit die höchste Dichte an musizierenden Vereinigungen, betrachtet man die vielen Blaskapellen und Chöre, die praktisch in jedem Ort zu Hause sind. Kein Wunder, denn hier ist nachweislich der Ursprung der Musik.

Auf ein Alter von 40.000 Jahren datierte man die Flöte aus einem Gänsegeierknochen, die im »Hohlen Fels« bei Schelklingen gefunden wurde. Ein moderner Nachbau des Instruments bewies: Mit dieser Flöte konnte man Melodien spielen. Diese Tatsache ist genauso sensationell wie der Fund selbst. Denn um ein für uns als Melodie empfundenes Stück zum Klingen zu bringen, müssen die einzelnen Töne den gleichen Frequenzabstand aufweisen, wie wir ihn heute von Tonleitern gewohnt sind. Welcher große Musiker und Flötenbauer, vielleicht war es auch eine Frau, konnte schon damals die Löcher so bohren, dass die Flöte richtig gestimmt war? Genauso unbekannt wird für alle Zeiten der Künstler bleiben, der etwa um die gleiche Zeit die erste Frauenfigur der Menschheitsgeschichte geschaffen hat. Mit diesen beiden Funden hat ein Archäologenteam aus Tübingen Weltruf erworben.

Während die Flöte und die Frauenfigur nur Freude auslösten, bereitet eine weitere Entdeckung den Forschern einiges Kopfzerbrechen. Ein 28.000 Jahre altes Fundstück entpuppte sich eindeutig als Phallusdarstellung. Das aus Siltstein geschaffene und sorgfältig geschliffene männliche Genital könnte für rituale Zwecke oder auch zur Stimulierung verwendet worden sein.

Neben all den Sensationsfunden, die sehr wertschätzend in den Schatzkammern gezeigt werden, wäre es schade, die restliche Ausstellung zu übergehen. Das Museum bietet einen umfassenden Einblick in das Leben während der Eiszeit. Bei der Gestaltung wurden die modernsten Methoden der Museumsdidaktik und Präsentationstechnik angewandt, um besonders jungen Menschen die Ursprünge der Menschheit nahezubringen.

Adresse Urgeschichtliches Museum, Kirchplatz 10, 89143 Blaubeuren, Tel. 07344/966990 | ÖPNV vom Bahnhof Blaubeuren 20 Minuten Richtung Zentrum | Anfahrt B 28 Ulm–Bad Urach, Abfahrt Blaubeuren, direkt beim Zentrum gibt es viele Parkplätze. | Öffnungszeiten 15. März–Nov. Di–So 10–17 Uhr, Dez.–14. März Di–Sa 14–17 Uhr, So 10–17 Uhr | Tipp Es gibt einen Rundweg um den Blautopf. Bei der Hammerschmiede starten. Der Weg dauert etwa 15 Minuten, ist gut ausgebaut und bietet viele schöne Blicke auf den Blautopf.

# 5 Das Lau-Denkmal

*Eine märchenhafte Schönheit*

Eduard Mörike beschrieb begeistert »die dunkle, vollkommen blaue Farbe der Quelle, ihre verborgene Tiefe und die wilde Natur der ganzen Umgebung« – der Blautopf inspirierte den großen schwäbischen Lyriker im Jahre 1853, eines der bedeutendsten Kunstmärchen der Romantik zu verfassen.

Darin wird von einer Nixe mit langem Haar und blauen Augen berichtet, die sich von anderen Frauen nur durch Schwimmhäute zwischen den Fingern und Zehen unterschied. Sie war von ihrem Gatten, einem Wassermann aus dem Schwarzen Meer, in den Blautopf verbannt worden, da sie ihm nur tote Kinder gebar. Erst wenn sie fünfmal herzhaft gelacht hatte, sollte sie wieder zurückkehren, denn er vermutete, dass die Fehlgeburten die Folge ihres schweren Gemüts waren. Ein ganzer Hofstaat von Nixen sollte sie da unten im Blautopf aufheitern, was aber nicht gelang. Als sie einmal im Keller des Nonnenhofs auftauchte, machte sie die Bekanntschaft der lustigen und gutherzigen Nonnenhofwirtin. Diese schaffte es, die schöne Lau zusammen mit ihren Kindern fünfmal zum Lachen zu bringen. Wie es sich für ein Märchen gehört, wurde sie von ihrem Mann zurückgeholt, gebar noch viele Kinder und lebte glücklich und zufrieden mit ihm zusammen.

Genau 100 Jahre später wollte Hermann Hesse bei einem kurzen Aufenthalt in Blaubeuren die Stelle im Nonnenhofkeller sehen, an der die schöne Lau immer auftauchte. Enttäuscht musste er feststellen, dass die Öffnung mit einem schnöden Betondeckel verschlossen war. Er wusste aber nicht, dass der Hausmeister ihn einfach in den Keller der Klosterküferei geführt hatte, da der Nonnenhofkeller samt seiner Wirtin der Phantasie des Märchendichters entsprungen war.

Auch in einem »Tatort« von 1993 stand die schöne Lau im Mittelpunkt der Handlung. Allerdings war damit eine attraktive Blaubeurerin gemeint, die in dem Krimi unter Mordverdacht geriet.

**Adresse** Blautopfstraße, 89143 Blaubeuren | **ÖPNV** vom Bahnhof Blaubeuren 25 Minuten zu Fuß auf Karl- und Lindenstraße Richtung Blautopf | **Anfahrt** B 28 Ulm–Bad Urach, Abfahrt Blaubeuren, direkt beim Kloster neben dem Blautopf gibt es viele Parkplätze. | **Tipp** Die schöne Lau kann man heutzutage live erleben. Bei einer Kostümführung erfährt man, wie sie das Lachen wiederfand (tourist@blaubeuren.de, Tel. 07344/966990).

# 6 Die Schubartstube

*Ort einer spektakulären Verhaftung*

Er war ein wunderbarer Dichter und ein hervorragender Musiker, aber er war auch ein scharfzüngiger Kritiker der Herrschaftsverhältnisse seiner Zeit und ihrer Repräsentanten. Das eine brachte ihm Ruhm und Ehre, das andere brachte ihn um seinen Arbeitsplatz und ins Gefängnis.

Schubarts Karriere begann verheißungsvoll. Er war am württembergischen Hof in Ludwigsburg Organist und Musikdirektor. Nach vier Jahren wurde er jedoch wegen seines respektlosen Auftretens und seiner lockeren Lebensweise aus dem Lande verwiesen. Er hatte Herzog Carl Eugen kritisiert und seine Mätresse, Franziska von Hohenheim, als »Lichtputze« bezeichnet. Schubart ging nach Augsburg, wo er die Zeitschrift »Teutsche Chronik« herausgab, durch die er sich vor allem mit den Jesuiten anlegte. Nachdem das Journal in Augsburg Druckverbot erhielt, zog er nach Ulm, wo er die Zeitschrift weiterführte und vor württembergischen Verfolgungen sicher sein konnte. Denn hier durften sie ihn nicht gefangen nehmen. Also griff man zu einer List: Der Oberamtmann des württembergischen Blaubeuren besuchte Schubart persönlich in Ulm und lud ihn zu sich ein, unter dem Vorwand, dass ihn sein Schwager, ein renommierter Professor und angeblich großer Verehrer Schubarts, treffen wollte. Schubart ließ sich darauf ein. Doch kaum war er in Blaubeuren angekommen, wurde er verhaftet und umgehend in die Festung Hohenasperg transportiert.

Zehn Jahre dauerte die Kerkerhaft, in den ersten Jahren durfte er weder schreiben noch Besuche empfangen. Entlassungsgesuche lehnte der Herzog ab. Zwar wurde Schubart danach rehabilitiert, starb aber vier Jahre später. Sein berühmtestes Gedicht, »Die Forelle«, wurde von Franz Schubert vertont und schildert poetisch verklausuliert seine Verhaftung.

Das Zimmer, in dem Schubart in Blaubeuren festgenommen wurde, ist als kleines Literaturmuseum eingerichtet.

**Adresse** Schubartstube, Klosterhof 8, 89143 Blaubeuren | **ÖPNV** vom Bahnhof Blaubeuren 25 Minuten zu Fuß auf Karl- und Lindenstraße Richtung Kloster | **Anfahrt** B 28 Ulm–Bad Urach, Abfahrt Blaubeuren, direkt beim Kloster neben dem Blautopf gibt es viele Parkplätze. | **Öffnungszeiten** nach Voranmeldung an der Klosterkasse, Tel. 07344/969625 | **Tipp** Das Kloster ist als Museum zugänglich und sehr sehenswert, besonders für Liebhaber spätgotischer Kunstwerke.

# 7 Die küssende Sau

*Mutmaßungen über einen seltsamen Felsen*

76 Tage küssen Menschen durchschnittlich im Leben, und der längste Kuss der Welt dauerte über 58 Stunden. Für solche Zahlen hat die küssende Sau, Teil des Felsenlabyrinths oberhalb von Weiler bei Blaubeuren, nur ein müdes Lächeln übrig. Denn sie küsst nach Meinung der Geologen schon Millionen Jahre ihr steinernes Gegenüber. Dabei hat sie offensichtlich immer noch Spaß daran, denn ihr Maul und das kleine Schweinsäuglein strahlen deutliche Zufriedenheit aus.

Wären wir nicht in Blaubeuren, so könnte man dieses Felsengebilde einfach als zufällige Naturerscheinung zur Kenntnis nehmen. Doch da ein gewisser Herr Mörike sich so in den Blautopf vertiefte, dass daraus eine Nixe entsprang, die in Form eines Denkmals heute Anziehungspunkt für Zehntausende von Touristen pro Jahr geworden ist, wäre es nur folgerichtig, auch der küssenden Sau eine Sage zuzuschreiben. Die Geschichte könnte sich so zugetragen haben:

Droben auf der Günzelburg herrschte im Mittelalter ein grausamer Ritter, der seine Untertanen auf das Übelste misshandelte. Dieser Ritter hatte ein Auge auf ein bildschönes Bauernmädchen aus Weiler geworfen und umwarb sie mit den süßesten Versprechungen. Natürlich hoffte das Mädchen, einmal Burgherrin zu werden, und erlag eines Tages seinem Werben. Doch schon nach dem ersten Kuss verlor er das Interesse an ihr und wandte sich der Nächsten zu. Aus lauter Liebeskummer stürzte sich das Mädchen von einem Felsen oberhalb der Weilerhalde. Noch viele weitere junge Damen machte der Ritter unglücklich. Zur Strafe erstarrte er nach seinem Tode zu einem Fels in der Form eines Schweins und muss seitdem Tag und Nacht, jahraus, jahrein den hässlichen, gegenüberliegenden Felsen küssen. Bei Vollmond können um Mitternacht die Bewohner der darunterliegenden Weilerhalde das Schmatzen der Küsse und das lüsterne Grunzen des bösen Ritters hören.

Adresse Weilerhalde, 89143 Blaubeuren-Weiler | ÖPNV vom Bahnhof Blaubeuren 500 Meter bis nach Weiler | Anfahrt Die Weilerhalde liegt direkt an der B 492 am Ortsende von Weiler Richtung Blaubeuren. | Tipp Es gibt einen schönen Fußweg von der B 492 zum Felsenlabyrinth. Den besten Blick auf die küssende Sau hat man vom Parkplatz des Autohauses Burger in Weiler direkt an der B 492.

# 8 Die Rommel-Steige

*Auf den Spuren des Wüstenfuchses*

Am 14. Oktober 1944 fährt eine schwarze Mercedes-Limousine vor der Villa der Familie Rommel, Wippinger Straße 13, in Herrlingen vor. Aus dem Auto steigen zwei Generäle, in der Tasche haben sie eine Botschaft des Führers und eine Zyankalikapsel. Erwin Rommel wird vor eine tödliche Wahl gestellt: entweder Selbstmord oder ein Prozess vor dem Volksgerichtshof mit Todesurteil und der anschließenden Inhaftierung der Familie im Konzentrationslager. Rommel überlegt nicht lange. Er verabschiedet sich von seiner Frau und seinem Sohn und steigt in den Mercedes, der bis hinter den Ortsrand von Herrlingen fährt und ins freie Feld abbiegt. Dort nimmt Rommel das todbringende Gift, wie es heute auf dem Gedenkstein an dieser Stelle steht, und stirbt. Vier Tage später erhält er ein Staatsbegräbnis in Ulm, die Staatspropaganda feiert ihren großen Helden. Rommel, der Wüstenfuchs, geht in die Geschichte als der erfolgreichste und beliebteste General der deutschen Wehrmacht ein. Die wahre Todesursache wird erfolgreich vertuscht.

Seine letzte Ruhestätte findet Rommel auf dem Herrlinger Friedhof, das Grab kann man auch heute noch besuchen. Wer intensiver auf den Spuren Rommels wandeln will, der besucht das Rommelarchiv und Rommelmuseum in der Lindenhofvilla. Kritiker bezeichnen das Museum als Devotionaliensammlung. Die Auswahl der Ausstellungsgegenstände diene eher der Verklärung Rommels als einer kritischen Hinterfragung seines Wirkens.

Ein weiteres Anlaufziel ist sein damaliges Wohnhaus in der Erwin-Rommel-Steige, heute in Privatbesitz. Neugierige versuchen immer wieder, einen Blick durch das Tor zu erhaschen. Eine Bronzetafel informiert über die besondere Geschichte des Hauses: Bevor die Familie Rommel dort einzog, war es viele Jahre ein Heim für jüdische Kinder, in dem unter anderem die berühmte jüdische Reformpädagogin Anna Essinger von 1926 bis 1933 erfolgreich gewirkt hat.

**Adresse** Museum, Lindenhof 2, 89134 Blaustein-Herrlingen (Der Gedenkstein liegt an der Straße zwischen Wippingen und Herrlingen.) | **ÖPNV** Die Erwin-Rommel-Steige beginnt gegenüber dem Bahnhof Herrlingen. Museum und Wohnhaus sind zu Fuß erreichbar. | **Anfahrt** B 28, Kreisverkehr vor dem Bahnhof Herrlingen; die Erwin-Rommel-Steige zweigt direkt vom Kreisverkehr ab. | **Tipp** Das Privattheater »Theaterei« bietet große Kunst mit kleinem Budget in einem eher unscheinbaren Ort (Kartenbestellung, Tel. 0731/268177).

# 9 Die Villa Rot

*Der Duft der großen weiten Welt*

Glücklicherweise entspricht der Duft unserer Welt nicht dem der Zigarettenmarke, die diesen Slogan auf ihre Banner schrieb. Aber wie riecht denn die Welt? In der Villa Rot konnten im Jahre 2015 Besucher der Ausstellung »Es liegt was in der Luft« mittels eines Holzstäbchens diesen Geruch einem Flakon entnehmen und daran schnuppern. Und wie produziert man solch einen Duft? Die amerikanische Künstlerin Gayil Nalls sammelte landestypische Pflanzen aller Staaten dieser Welt, gewann aus ihnen Saft und mischte die Flüssigkeiten entsprechend der Staatsgrößen zusammen. Beeindruckend wohlriechend, was dabei herauskam. Im Kontrast dazu der Gestank des »Smoke Rooms«, einer Installation des Künstlers Peter de Cupere, die aus 750.000 Zigarettenkippen besteht. Die Ausstellung bot noch viele weitere Überraschungen wie ein Schubfach für Leichen, die in der Pathologie auf ihre Untersuchung warten. Die Möglichkeit, sich im Schubfach kurz aufzuhalten, haben nicht alle Besucher wahrgenommen …

Die Villa Rot lebt von ihren außergewöhnlichen Ausstellungen. Eine frühere Veranstaltung befasste sich mit Buden, so nennt man die von Jugendlichen für Freizeitzwecke ausgebauten Bauwagen. Wo hat man sonst schon Gelegenheit, in diese Welt einzutauchen? Für 2016 haben sich die rührige Leiterin Stefanie Dathe und ihr Team das Thema »Fleischeslust« vorgenommen.

Die im Jahre 1912 erbaute Jugendstilvilla liegt am Ortsende von Rot an der Rot inmitten eines herrlichen historischen Parks. Nach mehreren Besitzerwechseln ist das Anwesen heute Eigentum einer Stiftung, die den Unterhalt und den Betrieb des Museums ermöglicht.

Zusätzlich zu den Ausstellungen bietet die Villa Rot auch ein anspruchsvolles Konzertprogramm. Es treten Solisten und Ensembles auf, die zu den besten Europas zählen. Der Weg in das abgelegene Dörfchen Rot lohnt sich also zu jeder Zeit.

Adresse Schlossweg 2, 88483 Burgrieden-Rot, Tel. 07392/8335 | Anfahrt Von B 30 Laupheim Süd auf L 265, dann auf K 7582 bis Burgrieden Rot. Dort auf Orsenhauser Straße, Silcherweg, Sießerweg bis zum Schlossweg. | Öffnungszeiten Mi–Sa 14–17 Uhr, So 11–17 Uhr | Tipp Der Villa Rot ist ein kleines, stilvoll eingerichtetes Café angeschlossen, ein schöner Treff für Kunstliebhaber.

# 10 Der blaue Steinbruch

*Naturschönheit aus zweiter Hand*

Am Ortsrand von Ehingen wurde von 1890 bis 1927 ein ganzer Bergrücken abgetragen, um die dortige Zementfabrik mit Zementmergel zu versorgen. Dann ließ man jahrzehntelang die Abraumhalde ungenützt liegen und kam 1966 auf die Idee, sie als Mülldeponie zu nutzen. Dies scheiterte glücklicherweise am Widerstand der Bevölkerung und aus wasserschutzrechtlichen Gründen.

Bei einer Bestandserfassung entdeckte man plötzlich den ökologischen Wert dieses Steinbruchs, in dem mittlerweile ein türkisblauer See entstanden ist. Gleich mehrere seltene Orchideenarten wachsen auf den unterschiedlichen Böden. Die zweiblättrige Waldhyazinthe und das Große Zweiblatt fühlen sich auf dem kalkhaltigen Lehmboden wohl, während die Mücken-Händelwurz einen Halbtrockenrasen bevorzugt. An den sonnenexponierten Hängen gedeiht das Helmknabenkraut. Am Rande des Sees laichen acht verschiedene Amphibienarten, unter anderem die Kreuzkröte, der Fadenmolch und die Gelbbauchunke, und unter den Wasservögeln kann man den Zwergtaucher und die Reiherente entdecken.

Man fragt sich wirklich, wie die Pflanzen und Tiere dieses Fleckchen Erde entdeckt haben, um sich anzusiedeln. Die hier wachsenden Orchideen sind sehr selten, und der nächste Standort ihrer Artgenossen liegt weit entfernt. Es ist fast nicht zu glauben, dass ihre wenigen Sämlinge ausgerechnet hier Fuß fassen konnten. Für die Wasservögel war es noch am leichtesten, den neuen Nistplatz aus der Vogelperspektive zu entdecken. Doch wie fanden die seltenen Amphibien von weit her diesen kleinen See? Wenn man darüber nachdenkt, bekommt man ganz große Hochachtung vor den Wundern der Natur.

Seit dem Jahre 1980 ist der blaue Steinbruch Naturschutzgebiet. Um den See herum führt ein gut ausgebauter 20-minütiger Spazierweg, der dem Naturliebhaber viele Einblicke in das Leben von Flora und Fauna ermöglicht.

**Adresse** Zugang Albstraße, Höhe etwa Hausnummer 58 gegenüber der Kneipe »Alter Steinbruch«, 89584 Ehingen | **ÖPNV** Buslinie 30 ab Ehingen Busbahnhof zur Haltestelle Büchele/Albstraße, dann noch 200 Meter zu Fuß zum Eingang | **Anfahrt** Von B 311 aus Richtung Riedlingen am Ortsanfang Ehingen links in die Schlechtenfelder Straße, dann rechts in die Weiherstraße, am Ende in die Albstraße links abbiegen, noch etwa 1.500 Meter. | **Tipp** Das Informationszentrum im Biosphärengebiet »Schwäbische Alb« in Ehingen-Dächingen beschäftigt sich mit dem Schwerpunktthema »Spiritualität« und zeigt Bilder und Texte zum Nachdenken (Bruder-Johannes-Straße 2).

# 11 Das Ney-Loch

*Schwere Tage für ein kleines Dorf*

Er war ein Schicksalstag für den kleinen Ort Elchingen, der 14. Oktober 1805. Das österreichische Heer lagerte rund um das Kloster, während der Kommandant, Feldmarschall Graf Riesch, ängstlich Richtung Süden über die Donau blickte. Dort marschierte ein mächtiges französisches Heer aus drei Richtungen auf ihn zu. Aus mehreren tausend französischen Kehlen ertönte ein gemeinsames Lied, das immer zu Beginn eines Gefechts zur Vertreibung der eigenen Angst und zur Einschüchterung des Gegners angestimmt wurde. Mit aller Macht griffen die Franzosen unter General Ney die Österreicher an, gewaltiger Kanonendonner erfüllte das sonst so stille Tal. Die Elchinger Bürger suchten Schutz in der Kirche, erstarrten aber vor Schreck, als eine Kanonenkugel die Wand des Chores durchschlug.

Die Franzosen hatten ein großes Loch in die Klostermauer geschossen, um in das Innere des Klostergeländes zu gelangen. Die Stelle wird heute noch als Ney-Loch bezeichnet, obwohl die Wand längst repariert ist. Unweit vom Kloster kam es zum entscheidenden Gefecht, das letztendlich die Franzosen gewannen. Tausende Soldaten verloren dabei ihr Leben, wurden verwundet oder gerieten in Gefangenschaft. Viele der zahlreichen Verwundeten starben in den folgenden Tagen, weil das kleine Feldlazarett vollkommen überfordert war. Währenddessen machten sich die Sieger in der Klosteranlage breit, benutzten die Kirche als Pferdestall und Feldküche und tranken die Weinvorräte im Keller leer.

Der Oberbefehlshaber der Österreicher, Generalfeldmarschall Mack, sah in diesem Moment für die in Ulm eingeschlossenen Truppen keinen Ausweg mehr und kapitulierte. Für Napoleon war jetzt der Weg nach Wien frei. General Ney bekam für seine Verdienste den Ehrentitel »Duc d'Elchingen«, und Napoleon ließ in den Arc de Triomphe in der Reihe der gewonnenen Schlachten das Wort »Elchingen« einmeißeln.

**Adresse** Klosterhof, 89275 Elchingen-Oberelchingen | **ÖPNV** mit RB 22594 ab Ulm Hbf Richtung Langenau, Haltestelle Oberelchingen | **Anfahrt** A 8, Ausfahrt 64 Oberelchingen, auf dem Göttinger Weg bis zur Klostersteige. | **Tipp** In der Klosterhofbrauereigaststätte gibt es als Besonderheit auf der Speisekarte eine »Nackte auf dem Teller«. Es handelt sich dabei aber nur um eine Bratwurst ohne Haut. Außerdem beginnt dort eine »Lauschtour« über die Schlacht von Elchingen (Audioguide kostenfrei an der Theke ausleihen).

# 12 Das Erbacher Schloss

*Wo der Freiherr noch selbst residiert*

Wären Sie gern auch mal Schlossherr oder Schlossherrin? Das klingt doch sehr verlockend! Allerdings nur bis zum nächsten Gewitter. Dann wäre nämlich für Ihre ganze Familie Alarm angesagt. Eimer müssten unter die bekannten Schwachstellen im Dach gestellt werden, nass gewordene Böden würden gewischt, und der Chef selbst würde auf den mehrstöckigen Dachböden herumturnen, um verschobene Dachziegel zurechtzurücken. Im Winter wäre eine gewisse Kälteresistenz unverzichtbar, denn so richtig warm wird es in den bis zu fünf Meter hohen Räumen und den bis zu zwei Meter dicken Mauern nie.

Dabei ist Constantin von Ulm-Erbach, der jetzige Schlossherr in Erbach, immer fleißig am Sanieren. Jedes Jahr steckt er weit mehr als 100.000 Euro in die Erhaltung des alten Gemäuers. Ein Schloss zu unterhalten ist eben eine anspruchsvolle und kostspielige Aufgabe. Doch Freiherr Constantin lebt trotzdem gern hier, in seinem Elternhaus, seine Familie wohnt schon seit 400 Jahren in dem Anwesen. Der Renaissancebau bietet mit seinen vier Ecktürmen, zwei Satteldächern und markanten Fensterläden schon von Weitem einen majestätischen Anblick. Eine mächtige Wehrmauer umschließt das Schloss, das Torgebäude ist nur über eine Zugbrücke zu durchqueren.

Im Innern ist ein Teil des Schlosses als Museum eingerichtet. Hier kann man das Fürstenzimmer, den Maria-Theresia-Salon und das Renaissancezimmer nach vorheriger Anmeldung besichtigen. Die Räume sind mit kostbaren Möbeln und wertvollen Einzelstücken ausgestattet. Seit einigen Jahren steht der große Gewölbekeller für Veranstaltungen wie Hochzeiten und Jubiläen, aber auch für Theaterveranstaltungen zur Verfügung.

Im Sommer gibt es regelmäßig unter den riesigen Kastanienbäumen im Burghof herrliche Serenadenkonzerte. Der Eigentümer ist sich sicher: Es gibt für ihn keinen schöneren Platz zum Wohnen als das Schloss Erbach!

Adresse Schlossstraße 1, 89155 Erbach, http://schloss-erbach.de | ÖPNV mit RB 22671 bis zum Bahnhof Erbach, von dort circa 20 Minuten Fußweg | Anfahrt Am Ortseingang aus Richtung Ehingen direkt von B 311 in die Schlossstraße einbiegen. | Öffnungszeiten Anfragen für Führungen über Kontaktformular im Internet | Tipp Direkt neben dem Schloss steht die sehenswerte, frisch renovierte Rokoko-Kirche St. Martin. Von dort hat man einen exzellenten Blick auf das Schloss und ins Donautal.

# 13 Das Carillon

*Zweimal täglich Glockenspiel*

In jedem Ort gibt es einen Friseur und einen Installateur, und jeder weiß, was diese für ein Handwerk ausüben. Aber was macht, bitte schön, ein Carillonneur? Antwort: Er spielt auf einem Carillon, einem großen Glockenspiel, das sich meist in einem Turm befindet. Allzu viele Carillons gibt es nicht in Deutschland, Illertissen besitzt eines dank einer großzügigen privaten Spende. Das im Kirchturm von St. Martin untergebrachte Glockenspiel besteht aus 49 Glocken mit einem Gesamtgewicht von 1,5 Tonnen. Die größte Glocke wiegt 300 Kilo, die kleinste fünf Kilogramm. Gespielt wird das Instrument von einem »Spieltisch« aus, der dem einer Orgel ähnelt. Allerdings gibt es statt der Tasten gerundete Holzstäbe, Stocktasten genannt, das Pedal ist fast identisch zu einem Orgelpedal. Von den Enden der Stocktasten und Pedale führen Drähte in die Glockenstube. So können dank vieler Hebel und Winkel die Klöppel in Bewegung gesetzt werden, die dann die Töne in den Glocken erzeugen.

Um dem Carillon schöne Melodien zu entlocken, bedarf es einiger Übung. Man muss sich erst daran gewöhnen, statt auf Klaviertasten zu drücken, mit der Faust (!) auf Holzstäbe »einzuschlagen«. Trotzdem braucht der Spieler ein gutes Gehör und ein feines Gespür beim Musizieren. Der geübte Hörer merkt sehr wohl, ob der Carillonneur mit Einfühlungsvermögen spielt oder die Stocktasten nur lustlos betätigt.

Damit nicht die ganze Gemeinde beim Üben zuhören muss, gibt es hierfür ein extra Instrument, genannt Clavion. Selbst ein versierter Spieler wie Michael Reiber, der Illertissener Carillonneur, verbringt viel Zeit am Übungstisch, er möchte den Bürgern ja gute Musik vom Kirchturm herunter bieten. Da kann es auch mal sein, dass eine Uraufführung für Carillon und Blasorchester stattfindet. Das ist dann ein ganz besonderer Ohrenschmaus für die Zuhörer, aber auch eine große Herausforderung für die Musiker.

Adresse Martinskirche, Hauptstraße 20, 89257 Illertissen | ÖPNV mit RB 57781 zum Bahnhof Illertissen, die Hauptstraße beginnt direkt am Bahnhof (Gehzeit circa 5 Minuten) | Anfahrt B 7, Ausfahrt 124 Illertissen | Öffnungszeiten Das Carillon spielt täglich um 10 und 16 Uhr, es kann nach Voranmeldung besichtigt werden, Nachfrage auf dem Pfarramt, Tel. 07303/3021. | Tipp In Illertissen können das Vöhlin-Schloss, das Bienenmuseum und das Museum für Gartenkultur besichtigt werden. Alle drei Museen sind sehens- und besuchenswert.

# 14 Der Reiseliebling

*Der Oldtimerbus für viele Anlässe*

Die Ulmer Firma Kässbohrer ist heute Weltmarktführer von Pistenraupen. Doch früher baute sie auch Busse, die sie unter dem Namen Setra führte. Und es waren traumhaft schöne Busse, die Kässbohrer da produzierte!

Ein besonderes Prachtexemplar ist regelmäßig im Raum Ulm unterwegs, meist besetzt mit einer froh gelaunten Gesellschaft, der Bus fährt nämlich am liebsten Hochzeitspaare und ihre Gäste durch die Gegend. Am Steuer des in einem zarten Grün lackierten Oldtimers aus den 50er Jahren sitzt ein Chauffeur, geschniegelt und gebügelt wie sein fahrbarer Untersatz. Und es ist ein Erlebnis, in dem Setra S 6, wie die genaue Bezeichnung dieser Kässbohrer-Serie lautet, mitzufahren. Mit seinen 6,70 Metern ist er nicht viel länger als ein Rolls-Royce, bietet aber 21 bequeme Sitzplätze, von denen aus man dank der Panoramaverglasung die Umgebung und den Himmel ungetrübt bestaunen kann. So könnte man vermuten, dass Busfahren einst viel mehr Vergnügen bereitete als heute in den rollenden Monstern, in denen man abgeschottet von der Außenwelt durch dunkel getönte Scheiben schaut, die die Farben der Außenwelt fast verschlucken. Wer sich allerdings noch erinnert, wie es vor 50 Jahren war, in einen Bus zu steigen, der längere Zeit in der prallen Sonne gestanden hatte, der weiß den Komfort heutiger Reisebusse zu schätzen. Heiß und stickig war es damals in den fahrbaren Backöfen, die Damen zückten flugs ihre »4711«-Flaschen und verteilten die Flüssigkeit aus Köln auf allen erdenklichen Körperstellen. Ungefragt bekam auch der Sitznachbar seinen Anteil an der vermeintlichen Abkühlung ab.

Unter dem Namen Setra fahren heute mehr Busse denn je auf den Straßen der ganzen Welt, komfortabel, leise und vollklimatisiert. Allerdings gehört die Firma inzwischen zum Daimler-Benz-Konzern. Kein Problem! Der Produktionsstandort ist geblieben, der Name ebenfalls, was will man mehr?

**Adresse** Reiseliebling Omnibusbetrieb Peter Hanses, Max-Eyth-Straße 5, 89129 Langenau, Tel. 0734/54438, www.reiseliebling.de | **ÖPNV** mit ITE 3234 von Ulm bis Bahnhof Langenau (nur 9 Minuten Fahrtzeit) | **Anfahrt** A 7, Abfahrt 119 Langenau | **Tipp** Den Reiseliebling gibt's nicht nur zu mieten, sondern auch zu kaufen, im Internet für 22,95 Euro als Modellauto. Im Fischerviertel gibt es das Setramuseum. Leider ist es nur Gästen und Mitarbeitern der Firma Setra vorbehalten. Aber die Außenansicht ist auch schon sehr attraktiv.

# 15 Der Laemmle-Brunnen

*Von Laupheim nach Hollywood und zurück*

Kennen Sie »Dracula«, »Frankenstein«, »Das Phantom der Oper« oder den »Glöckner von Notre Dame«? Vermutlich ja. Aber dass diese Filme eine Beziehung zu Laupheim haben, ist wenigen bekannt. Denn Laupheims berühmtester Sohn, Carl Laemmle, hat sie alle und noch viele mehr produziert. 1884 wanderte Laemmle im Alter von 17 Jahren nach Amerika aus und arbeitete dort zuerst als Buchhalter. 1906 eröffnete er in Chicago ein kleines Kino und einen Filmverleih. Schon zwei Jahre später war er der größte Filmverleiher Amerikas und begann 1910, selbst zu produzieren. Als er hierfür in einer ausgestorbenen Gegend unweit von Los Angeles eine Hühnerfarm kaufte, war dies die Geburtsstunde von Hollywood.

Trotz seines Ruhms als Amerikas größter Filmproduzent und Oscar-Preisträger vergaß Lämmle seine Heimat Laupheim nie. Regelmäßig tauchte er in dem Städtchen auf und unterstützte den Bau einer Schule, eines Schwimmbads und eines Waisenhauses mit großen Geldbeträgen. Besonders lag ihm seine jüdische Gemeinde am Herzen. Diese Verbundenheit zu seinen Glaubensbrüdern bewies Carl Laemmle besonders in den Zeiten des Nationalsozialismus, als er sich für 300 jüdische Familien als Bürge zur Verfügung stellte. So konnten sie auswandern und wurden vor dem Konzentrationslager gerettet. In Laupheim erinnern das Carl-Laemmle-Gymnasium, der Carl-Laemmle-Platz mit Brunnen und das Geburtshaus an den großen Sohn der Stadt. Im »Museum zur Geschichte von Christen und Juden« sind ihm vier Räume und ein Minikino gewidmet.

Eine weitere Berühmtheit Laupheims mit jüdischen Wurzeln war die Hochspringerin Gretel Bergmann. Sie war 1936 deutsche Rekordhalterin im Hochsprung, wurde aber wegen ihrer jüdischen Abstammung nicht zu den Olympischen Spielen in Berlin zugelassen, obwohl sie gute Chancen auf eine Goldmedaille gehabt hätte. Laupheim hat sein Stadion nach der erst unlängst verstorbenen Sportlerin benannt.

**Adresse** Carl-Laemmle-Platz, 88471 Laupheim (Das Denkmal steht 100 Meter vom Marktplatz entfernt.) | **ÖPNV** mit IRE 4231 von Ulm bis Bahnhof Laupheim West | **Anfahrt** über B 30, Abfahrt Laupheim bis Marktplatz | **Tipp** Das »Museum zur Geschichte von Christen und Juden« liegt in der Claus-Graf-Stauffenbergstraße 15, Tel. 07392/968000. Ebenfalls sehr sehenswert der jüdische Friedhof auf dem Judenberg.

# 16 Der Löwenbrunnen

*Heiße Küsse von eiskalten Burschen*

Manch hübsches Mädchen wartet jahrelang auf einen Kuss von einem Munderkinger Brunnenspringer. Dabei wird der heiß begehrte Küsseverteiler nur wenige Sekunden zuvor aus dem eiskalten Stadtbrunnen gezogen. Was treibt nur die jungen Damen dazu, von einem triefend nassen, ziemlich unterkühlten Jüngling einen Kuss zu wollen, schließlich bekommen sie außer dem Schmatz auch eine große Portion kalten Wassers ab? Der Grund ist einfach die Gaudi! Denn wenn am Fasnetssonntag und Fasnetsdienstag unter ohrenbetäubendem Trommelwirbel zwei junge Burschen sich anschicken, in den Marktbrunnen zu springen, ist der Höhepunkt der Fasnet erreicht.

Aber wie schafft man es überhaupt, Brunnenspringer zu werden? Die Kandidaten müssen jung, unverheiratet, gesund, Munderkinger Bürgersöhne und Mitglieder der Trommgesellenzunft sein. Beim Sprung tragen sie ein weißes Hemd, weiße Strumpfhosen und ein rot-grünes Obergewand. Bevor sie in das kalte Wasser eintauchen, bekommen sie einen Becher mit heißem Wein überreicht und sprechen ein Hoch auf die Obrigkeit, die Bürger und die Liebste. Dann zerschmettern sie den ausgetrunkenen Becher an der Brunnensäule und tauchen gemeinsam mittels eines Hechtsprungs in das eiskalte Nass. Mindestens dreimal hintereinander wird gesprungen, bevor uneingeschränkt geküsst werden darf. Allzu viel Zeit bleibt dafür aber nicht, denn die nassen Kleider müssen schnellstmöglich gewechselt werden, ansonsten winkt wenigstens eine heftige Erkältung.

Das Brunnenspringen ist ein uralter Brauch, der früher am Aschermittwoch stattgefunden hat. Es ist gut möglich, dass es sich ursprünglich um ein Bußritual gehandelt hat, bei dem man sich von den während der Fasnet begangenen Sünden reingewaschen hat. Der Löwenbrunnen spendet den Munderkingern seit fast 450 Jahren sauberes Wasser. Die beiden Wappenschilder zeigen das städtische und das österreichische Hoheitszeichen.

Adresse Marktplatz, 89597 Munderkingen | ÖPNV mit RB 22356 von Ulm nach Munderkingen Bahnhof, 7 Gehminuten bis zum Marktplatz | Anfahrt B 311 Riedlingen-Ehingen, Abfahrt Munderkingen, Parkmöglichkeit gleich rechts nach der Donaubrücke. | Tipp Ein Rundgang durch die Altstadt lohnt sich. Dazu kann man sich einen Flyer im Rathaus besorgen.

# 17 Die Schwäbische Alb-Bahn

*Nostalgie und Gemütlichkeit auf Schienen*

Es wird behauptet, Fahrzeuge hätten auch ein Gesicht. Wer etwas Phantasie besitzt, kann dem nur zustimmen. Spätestens dann, wenn er einem der alten, liebevoll restaurierten Triebwagen der SAB, der Schwäbischen Alb-Bahn, begegnet. Diese Fahrzeuge schauen einen so gemütlich und freundlich an, fast zum Liebhaben. Gehätschelt und gestreichelt werden sie garantiert regelmäßig von den ehrenamtlichen Mitgliedern des Vereins, der diese Bahn betreibt. Sie haben in Tausenden von freiwilligen Arbeitsstunden die Loks, Triebwagen, Waggons und das Betriebsgebäude restauriert und damit eine der größten Attraktionen der Schwäbischen Alb geschaffen.

An Sonntagen zwischen Mai und Oktober sowie während der Pfingst- und Sommerferien zischt, dampft und pfeift es zwischen Ulm und Trochtelfingen. Dann sind von morgens bis abends die Schienenbusse und Dampfloks unterwegs. Im Dezember ist noch einmal Sondersaison. Da fährt zuerst der Gourmetexpress, bei dem ein Drei-Gang-Menü mit Weihnachtsgans serviert wird. Anschließend kommen die Nikolausfahrten, das Bratapfel- und zuletzt am Heiligen Abend das Christkindleszügle.

Schon die Ankunft eines Triebwagens im Bahnhof ist immer ein besonderes Ereignis. Nach dem Anhalten öffnet ein bestens gelaunter Schaffner in schicker Uniform die Türen, hilft beim Aussteigen und verabschiedet die Fahrgäste. Beim Einsteigen ist es für ihn Ehrensache, die mitgebrachten Fahrräder eigenhändig in den Wagen zu hieven und zu verstauen. Im holzvertäfelten Innenraum nimmt man auf Originalbänken Platz, denen man zwecks Bequemlichkeit ein neues Polster gegönnt hat. Beim Betreten des Fahrgastraums wirft man noch einen Blick auf den Führerstand. Viele große und kleine Hebel und Schalter, von Elektronik keine Spur. Neben dem Fahrersitz gibt es Platz für einen Fahrgast. Eine Fahrt auf diesem Sitz bleibt unvergesslich, nicht nur für einen Dreikäsehoch!

**Adresse** Schwäbische Alb-Bahn e.V., Bahnhofstraße 8, 72525 Münsingen, Tel. 07381/5017556, www.bahnhof-muensingen.de | **ÖPNV** mit IRE 3216 von Ulm bis Schelklingen, dann mit RB 22184 nach Münsingen oder natürlich mit der SAB | **Anfahrt** Von B 311 in Ehingen auf B 465 abbiegen. | **Öffnungszeiten** Den Fahrplan entnehmen Sie bitte der Internetseite. | **Tipp** Am »Hauptbahnhof« der SAB in Münsingen gibt es einen gemütlichen Gastraum, genannt Stationsbuffet, der an den Fahrtagen von 9 bis 18 Uhr geöffnet hat.

# 18 Die Schneckenfarm

*Reine Geschmackssache*

»Iiiih« oder »Mmmh«, das sind die beiden akustischen Reaktionsvarianten beim Anblick der »Helix Pomatia«, zu Deutsch: Weinbergschnecke. Vermutlich hegt die Mehrzahl der Normalverbraucher eher eine Abneigung gegenüber diesen Kriechtieren, möglicherweise wegen der Schleimspur, die sie beim Kriechen hinterlassen. Eine Minderheit ist jedoch entzückt, wenn sie im Sternerestaurant diese Tierchen auf einem Teller samt ihren Häuschen serviert bekommt. Gegessen wird übrigens nur der Fuß, das Muskelgewebe, mit dem sie sich fortbewegen.

In freier Natur kommen Weinbergschnecken nur noch selten vor. Sie stehen mittlerweile unter Naturschutz, nachdem sie fast ausgerottet waren. Die etwa 3.000 Tonnen Schnecken, die jährlich die Gaumen der Restaurantbesucher begeistern, kommen aus Zuchtbetrieben.

Seit 2003 gibt es auch in Nersingen, Kreis Neu-Ulm, eine Schneckenfarm. Monika Merkle, die Inhaberin, kam eher durch Zufall auf die Geschäftsidee. Ihre Tochter wollte mit Weinbergschnecken spielen, wurde aber in der Natur kaum noch fündig. Selbst schon seit ihrer Kindheit von Schnecken fasziniert, züchtete Monika kurzerhand ein paar Tiere. Sie fand Gefallen an dieser Tätigkeit, mittlerweile ist sie stolze Besitzerin von einer Million Schnecken. Auf 10.000 Quadratmetern tummeln sich die Tierchen zwischen Mangold und anderem Grünfutter, werden sorgfältig gepflegt, bis sie nach drei bis fünf Jahren ihre Reise, tot oder lebendig, in die Edelrestaurants und Feinkostläden antreten.

Schneckenzucht hat übrigens in der Ulmer Region Tradition. Schon im 18. Jahrhundert wurden die als »Schwäbische Austern« angepriesenen Weinbergschnecken in ganzen Schiffsladungen auf der Donau nach Wien transportiert. Dort waren sie während der Fastenzeit eine begehrte Delikatesse, da sie nicht als Fleisch galten und somit sündenfrei verzehrt werden konnten.

Adresse Eibenweg 22a, 89278 Nersingen, Tel. 07308/924735 | ÖPNV mit RE 57179 von Ulm nach Nersingen Bahnhof, dort 9 Minuten Fußweg | Anfahrt Auf der B 10 von Neu-Ulm kommend in Nersingen-Oberfahlheim auf die Straße am Kirchholz abbiegen, nach 150 Metern links in die Eibenstraße. | Öffnungszeiten Besichtigung nach Anmeldung | Tipp Besuchen Sie das Museum für Bildende Kunst, Alte Landstraße 1a. Bemerkenswert ist die vor dem Museum stehende Skulptur des Lichtkinetikers Tomitao Nachi (Di 16–20 Uhr, Sa, So 13–17 Uhr).

# 19 Das Kindermuseum im Edwin Scharff Museum

*Anfassen erwünscht!*

Wie entsteht eigentlich ein Nasenpopel, und warum riecht man den einen Pups und den anderen nicht? Nach ein paar Stunden in der Mitmachausstellung »Kopfüber herzwärts«, die in den Jahren 2013 bis 2015 Zehntausende von kleinen und großen Besuchern in das Museum lockte, wusste man nicht nur die Antworten auf solche im wahrsten Sinne des Wortes popelige Fragen, sondern war regelrecht Experte für alles, was im menschlichen Körper so vorgeht. Der Weg zu diesem Wissen war äußerst spannend und unterhaltsam. Mit Hilfe einer Chipkarte loggte man sich mit seinen persönlichen Daten ein und begab sich auf Erkundungsreise in den eigenen Körper, der mit einem großen Haus verglichen wurde. In der Küche konnte man kriechend seine Verdauung erspüren, in der Energiezentrale geriet man ins Schwitzen, und auf dem Balkon atmete man mal richtig durch. Im Bad erfuhr man, welch wichtige Rolle das Wasser im Körper einnimmt, und in der Garderobe, was einem wirklich steht.

Das Kindermuseum im Edwin Scharff Museum bietet immer wieder neue, spannende Mitmach-Ausstellungen für Kinder. Auf »Kopfüber herzwärts« folgte »Voll abgefahren«. Hierbei wird unsere moderne Mobilität mit ihren Fortbewegungsmitteln zu Land, zu Wasser und in der Luft erforscht. Kinder können die Technik hinter den Fahrzeugen erkunden und vieles ausprobieren. Wie funktioniert ein Motor, warum fliegt ein Flugzeug, und wie schwimmt ein Schiff?

Das zweite Standbein des Kindermuseums ist die Museumswerkstatt. Hier können Schulklassen und Kindergeburtstage alle nur erdenklichen Mal- und Basteltechniken ausprobieren.

Ausstellungen, die den Nerv der Kinder treffen, hoch motivierte Mitarbeiter mit einem sehr guten Draht zu den Kleinen, das Konzept des Museums kommt auch bei den Großen gut an.

**Adresse** Petrusplatz 4, 89231 Neu-Ulm | **ÖPNV** 12 Minuten vom Bahnhof entfernt | **Öffnungszeiten** Di, Mi 13 – 17 Uhr, Do, Fr, Sa 13 – 18 Uhr, So 10 – 18 Uhr | **Tipp** Im gleichen Haus befindet sich das Kunstmuseum mit einer ständigen Kunstpräsentation und vielen Wechselausstellungen.

# 20 St. Johann Baptist

*Expressionismus trifft Romanik*

Wen das Äußere der Kirche St. Johann Baptist an den Dom von Siena erinnert, liegt vollkommen richtig. Denn der Architekt der Kirche, Dominikus Böhm, fühlte sich auf seiner Hochzeitsreise nach Italien im Jahre 1913 von der romanischen Architektur derart inspiriert, dass er sich vornahm, sie in seinen Bauten umzusetzen. Die Fassade der Kirche St. Johann Baptist, umgestaltet in den Jahren 1921 und 1927, war sein erster Auftrag, den er in diesem Stil ausführte.

Bei der Gestaltung des Innenraums beschritt Böhm dagegen vollkommen neue, revolutionäre Wege. Er schuf die erste expressionistische Kirche im deutschen Raum. Im Kirchenschiff stehen die Wände weder senkrecht, noch lassen sie eine größere Fläche entstehen, da sie in Anlehnung an die damals aufkommenden Kulissenkinos gefaltet sind. Auf diese Weise schaffen die Fenster in den Zwischenräumen Lichtszenarien, die dem Raum je nach Tageszeit eine vollkommen unterschiedliche Wirkung verleihen. Bei der Gestaltung des Chorraums erreichte Böhm durch eine geschickte Positionierung des Altars, dass der Priester sich dem Volke im wahrsten Sinne des Wortes zuwenden musste, eine Neuerung in der katholischen Kirche, die erst 40 Jahre später nach dem Zweiten Vatikanischen Konzil eingeführt wurde. In Sachen Baumaterial fand der Expressionist Böhm offenbar großen Gefallen an Beton und experimentierte eifrig damit, was bei den Handwerkern nicht immer große Freude auslöste. Ein besonderer Lichtblick im wörtlichen Sinn ist die Taufkapelle. Aus einer Öffnung in der Spitze des kegelförmigen Raumes strömt Licht auf den Taufstein, unterbrochen durch eine Taube, die frei im Raum zu schweben scheint.

Zufall oder Schicksal? 80 Jahre später entstand aus der Hand seines Sohnes Gottfried Böhm Ulms neue Bibliothek in Form einer Glaspyramide, architektonisch genauso bahnbrechend und viel diskutiert wie das Werk des Vaters.

Adresse Johannesplatz, 89231 Neu-Ulm | ÖPNV vom Hauptbahnhof aus zu Fuß in 12 Minuten zu erreichen | Öffnungszeiten meist täglich circa 8–18 Uhr | Tipp Der südlich gelegene Glacispark mit seinen ausgedehnten Grünanlagen, den imposanten Wehranlagen und dem historischen Wasserturm ist zu Fuß in zehn Minuten zu erreichen.

# 21 Das Wiley

*Von der Ami-Kaserne zum begehrten Wohnviertel*

Wie kommt ein Neu-Ulmer Ortsteil zu einem englischsprachigen Namen, der auch von jedermann ganz selbstverständlich englisch ausgesprochen wird?

Ganz einfach: Wiley war von 1945 bis 1991 ein amerikanischer Stützpunkt, benannt nach einem besonders tapferen amerikanischen Soldaten. Einheimische erinnern sich noch an den Eingang, humorvoll als »Klein Checkpoint Charlie« bezeichnet, denn er war wie sein Berliner Vorbild durch Stahltor, Schlagbaum und Stacheldraht gut gesichert. Nicht ohne Grund, auf dem Gelände waren viele Jahre Pershing-Raketen mit Atomsprengköpfen stationiert. In Wiley wohnten bis zu 8.000 Soldaten mit ihren Familien in Straßen mit den Namen amerikanischer Berühmtheiten. Direkt neben dem Checkpoint steht das Wahrzeichen der Kaserne, der Wasserturm. Die Amerikaner trauten dem Frieden mit den Deutschen nicht so ganz und legten deswegen Wert auf eine unabhängige Wasserversorgung.

Als die Amerikaner 1945 das Gelände der ehemaligen Wehrmachtskaserne übernahmen, war es zunächst Übergangslager für deutsche Kriegsgefangene. Die dort Internierten mussten sich unter freiem Himmel ohne jeglichen Schutz vor der Witterung aufhalten. Prominentester Gefangener war Josef Ratzinger, der spätere Papst Benedikt XVI. Er schreibt in seiner Autobiografie von den Zuständen im Lager: »Unsere tägliche Verpflegung bestand aus einem Schöpflöffel Suppe und ein wenig Brot. Die Suppe war warmes Wasser mit Kraut, gelbe Rüben oder Kartoffeln als Einlage.«

Nach dem Wegzug der Amerikaner ist aus der Kaserne ein attraktiver Neu-Ulmer Stadtteil geworden. Auf dem Gelände steht jetzt die Hochschule Neu-Ulm, University of Applied Sciences. Aus der Chapel der Soldaten wurde die Friedenskirche der Baptistengemeinde, die Panzerwaschanlage ist einem Biotop gewichen. Geblieben sind der Wasserturm und die Straßennamen als Erinnerung an viereinhalb Jahrzehnte amerikanische Militärpräsenz.

Adresse John-F.-Kennedy-Straße, Neu-Ulm | ÖPNV Linie 5, Haltestelle Wiley Club | Tipp Der Wiley Club in der Wiley-Straße 4 ist aus dem gleichnamigen ehemaligen Club für die amerikanischen Soldaten entstanden. Gehobene Küche, geschmackvoll eingerichtet, schicke Bar.

# 22 The Walther Collection

*Große Fotokunst im Vorortwohnviertel*

Wie kommt jemand wie Artur Walther, der in einem Penthouse am Central Park in New York residiert, auf die Idee, im Neu-Ulmer Stadtteil Burlafingen ein hochmodernes Kunstmuseum zu eröffnen? Ganz einfach: Walther, der erfolgreicher Investmentbanker bei Goldman Sachs in New York war, ist in Burlafingen aufgewachsen. Das elterliche Anwesen stand in der Reichenauer Straße, einer kreuzbraven Wohngegend. Und genau dort entstand unter Einbeziehung des alten Baubestands eine Galerie in ungewöhnlicher, aber gleichzeitig unaufdringlicher Architektur.

Das Museum ist ein Ensemble aus vier Gebäuden: einem weißen Kubus, einem schwarzen, einem grünen und einem grauen Haus. Der Kubus wurde als einziges Gebäude auf dem Areal neu errichtet. Er ist dreigeschossig und fügt sich dank seiner großen Fensterflächen sehr gut in die Umgebung ein. Um möglichst viel Ausstellungsfläche zu erhalten, liegt das Untergeschoss als größter Raum teilweise unter dem Garten. Die anderen Häuser gruppieren sich geschickt um den Kubus und bieten die Möglichkeit, sich parallel auch mit anderen Themen zu befassen.

Seit mehr als 20 Jahren sammelt Artur Walther Fotokunst. Zuerst deutsche Klassiker aus den 1920er Jahren, dann legte er eine der weltweit größten Sammlungen chinesischer Fotografie an. Seit einigen Jahren fasziniert ihn afrikanische Lichtbildkunst. Um die vielen wertvollen Fotos der Öffentlichkeit präsentieren zu können, braucht er adäquate Standorte. Burlafingen mit etwa 1.000 Quadratmetern Ausstellungsfläche ist einer von ihnen, ein anderer mit 160 Quadratmetern liegt im Galerienviertel West Chelsea in New York. Artur Walther setzt sich in seinen Ausstellungen jeweils intensiv mit einem bestimmten Thema auseinander. So versucht er in der aktuellen Präsentation »Die Ordnung der Dinge«, sehr vereinfacht formuliert, Zusammenhänge in der modernen Fotografie aufzuzeigen und zu erklären.

Adresse The Walther Collection, Reichenauer Straße 21, 89233 Neu-Ulm-Burlafingen, www.walthercollection.com | ÖPNV Bus 84/85, Haltestelle Dorfplatz | Anfahrt B 10, Ausfahrt Burlafingen, St. 2023, weiter auf Adenauer- und Thalfinger Straße bis Reichenauer Straße. | Öffnungszeiten Ausstellungsrundgang Mai–Okt. Fr 17 Uhr, Sa und So 15 Uhr | Tipp Um Burlafingen gibt es eine wunderschöne Seen- und Weiherlandschaft, in der man sich prächtig erholen kann.

# 23 Der Jakobsbrunnen

*Der steinige Weg zu sich selbst*

Im Mittelalter war für Christen mindestens eine Pilgerreise die Bedingung für eine umfassende Sündenvergebung und einen Platz im Paradies nach dem Tode. Neben Jerusalem und Rom gehörte vor allem Santiago de Compostela mit dem Grab des heiligen Jakobus zu den berühmten und viel besuchten heiligen Orten. Ein weitverzweigtes Netz von Pilgerwegen führte aus ganz Europa auf den spanischen »Camino« zu, wo man die letzten 800 Kilometer zwischen Pamplona und Santiago gemeinsam zurücklegte. Eine der europäischen Hauptrouten führte auch durch Ulm, die Stadt zählte zu den bedeutendsten Pilgerzentren Süddeutschlands.

Nachdem das Pilgern mit der Ausbreitung der Reformation unmodern geworden war, erreichten nur noch wenige Wallfahrer während der folgenden Jahrhunderte das Grab des Jakobus, im Jahre 1978 waren es gerade mal 13. Doch plötzlich erfuhr Anfang der 1990er Jahre die Pilgerfahrt nach Santiago de Compostela eine unerwartete Renaissance. Im Jahre 2010 zählte man über 270.000 Reisende. Das war eine gewaltige Herausforderung für die Ortschaften am spanischen Jakobsweg, die für die Unterbringung und Versorgung der Pilger sorgen mussten.

In unserer Zeit nehmen die Pilger die Strapazen nicht mehr für die Vergebung ihrer Sünden auf sich, sondern haben meist andere Motive. Sie hoffen, auf diesem Weg zu sich selbst zu finden, damit sie danach ihrem Leben einen neuen Sinn geben können. Ulm ist heute wieder eine wichtige Pilgerstation. Hier enden die fränkischen Jakobswege und beginnt der oberschwäbische Weg mit Ziel Konstanz. Die erste Etappe startet im Ulmer Münster und führt über Erbach nach Oberdischingen. Dort steht vor dem Cursillo-Haus, zugleich Pilgerherberge und Bildungshaus, ein Brunnen mit einer Jakobusskulptur. Gar mancher Pilger erkennt sich in dem Kunstwerk wieder: müde, aber zufrieden und den Blick stets in die Ferne gerichtet.

**Adresse** Cursillo-Haus St. Jakobus, Kapellenberg 58, 89610 Oberdischingen | **ÖPNV** ab Ulm Busbahnhof Steig 2 mit Bahnbus Linie 21 »Ehingen über Erbach«, Haltestelle Dreifaltigkeitskirche | **Anfahrt** Von B 311 erste Einfahrt links nach Oberdischingen, Haus und Brunnen liegen gleich am Ortseingang. | **Tipp** Direkt neben dem Cursillo-Haus kann man die Dreifaltigkeitskapelle besichtigen, eine sehenswerte Barockkirche.

# 24 Die Fischtreppe

*Das feuchte Amphitheater für Fische*

Sie ist ein Naturschauspiel besonderer Art, die Fischtreppe unter dem ehemaligen Kloster Obermarchtal. Inmitten einer naturbelassenen Auenlandschaft gibt es eine Stelle, an der sich die Donau teilt. Ein Teil des Wassers fließt einem Wehr zu und als Kanal weiter, der andere ergießt sich in einen Wasserfall, der allerdings nur wenige Meter Höhe besitzt. Bei näherem Betrachten sieht man schon durch die Anordnung der großen Steine: Hier hatte der Mensch seine Hand im Spiel. Mit ein wenig Phantasie könnte man denken, dass ein Amphitheater in der Donau versunken ist.

Die Anlage dient dem einzigen Zweck, den Fischen in der Donau die Möglichkeit zu geben, den Wasserfall zu überwinden, um ihre Laichplätze zu erreichen. Die Fischtreppe ist auch für Wasservögel zu einem beliebten Versammlungsort geworden. Sie profitieren von den wandernden Fischen, denn die fliegen ihnen regelrecht in den Schnabel, so wie die sprichwörtlichen gebratenen Tauben ins Maul.

Die Entstehung der Anlage hat einen technischen Hintergrund. Seit das Erneuerbare-Energien-Gesetz in Kraft getreten ist, können $CO_2$-freie Kraftwerke einen deutlich höheren Strompreis erzielen, vorausgesetzt, sie wurden ökologisiert. Im Falle von Obermarchtal musste für das Recht, einen Teil des Wassers in einen Kanal zu leiten, die Fischtreppe gebaut werden. Doch trotz der hohen Baukosten und dem Wasserverlust durch die Fischtreppe ist der Eigentümer Elmar Reiter mit dem Erlös seines 800 Meter flussabwärts gelegenen Kraftwerks Alfredstal zufrieden. Immerhin werden dort im Jahr 2,5 Millionen Kilowattstunden erzeugt, 1.600 Menschen können dadurch mit Strom versorgt werden. Die 100 Jahre alte Anlage dient nicht nur der Stromerzeugung, sondern ist auch ein wertvolles Kulturdenkmal. Fachleute wie Laien sind beim Besuch begeistert von der ausgereiften, umweltschonenden Technik.

**Adresse** Klosteranlage, 89611 Obermarchtal, hinter dem Münster führt direkt eine Treppe hinab zum Wehr (flussabwärts führt ein Weg zum Kraftwerk Alfredstal) | **ÖPNV** Regionalbus Linie 320 ab Riedlingen, Haltestelle Kloster | **Anfahrt** An der B 311, zwischen Riedlingen und Ehingen, die Klosteranlage ist ausgeschildert. | **Öffnungszeiten** Besichtigungen des Kraftwerks nur nach Terminvereinbarung, Ansprechpartnerin: Maria Tittor, Tel. 07373/915299 | **Tipp** Die Kirche und der Spiegelsaal im Kloster gehören zu den Höhepunkten des oberschwäbischen Barocks.

# 25 Der Spiegelsaal

*Des Künstlers kleine Freiheiten*

»Déjà vu«, könnte Maria Antonia, Erzherzogin von Österreich und spätere französische Königin Marie Antoinette, zum Erstaunen der französischen Hofgesellschaft ausgerufen haben, als man sie in den Spiegelsaal von Versailles führte. Immerhin hatte die 14-Jährige kurz zuvor auf ihrer Brautfahrt von Wien nach Paris halt in Obermarchtal gemacht. Dort wurden sie und ihr 235-köpfiges Gefolge im Spiegelsaal auf das Beste bewirtet und schauten sich die Aufführung der Huldigungskantate »Beste Gesinnung Schwäbischer Herzen« des berühmten Mundartdichters Sebastian Sailer an. Im Normalfall diente der Spiegelsaal als Sommerrefektorium der Mönche; heute gilt er als der schönste Speisesaal des oberschwäbischen Barocks.

Zugegeben, der Obermarchtaler Spiegelsaal kann bezüglich seiner Größe nicht mit Versailles konkurrieren, doch was den Baukörper und die Ausstattung angeht, haben sich die Mönche mächtig ins Zeug gelegt. Mit Bagnato als Baumeister, Pozzi als Stuckateur und Appiani als Maler konnte man Künstler gewinnen, die zu den berühmtesten der damaligen Zeit im süddeutschen Raum zählten. Der Saal ist wie aus einem Guss geschaffen. Obwohl die Bauzeit von 1748 bis 1756 schon ins Rokoko reicht, wirkt der Raum nicht überladen. Die zwölf großen und 150 kleinen Spiegel lassen ihn größer wirken, viele Fenster bringen Helligkeit. Thematisch hielt man sich bei den Malereien an die Motive der damaligen Zeit: Heiligengeschichten, eigene Klostergeschichte, Jahreszeiten.

Aber auch humorvolle, ja, satirische Szenen hat Appiani in die Gemälde eingearbeitet. Der Maler hatte anscheinend genug von den Flusskrebsen, die es während des Fastens als einzige Fleischspeise gab, und auch das Bier war ihm wohl zu gehaltlos. Darum malte er einen Krug, der einen Flusskrebs platt drückte, und zwei Frösche, aus deren Mäulern das Wort »Aqua« quoll, in Anspielung auf das allzu wässrige Bier.

**Adresse** Bildungshaus Kloster Obermarchtal, Klosteranlage 2/1, 89611 Obermarchtal, Tel. 07375/95050 | **ÖPNV** Regionalbus Linie 320 ab Riedlingen, Haltestelle Kloster | **Anfahrt** An der B 311 zwischen Riedlingen und Ehingen gelegen. | **Öffnungszeiten** täglich 9 – 17 Uhr | **Tipp** Im Bildungshaus kann man sehr schön und preisgünstig übernachten. Obermarchtal liegt direkt am Donauradweg.

# 26 Das Christoph-von-Schmid-Zimmer

*Erinnern an den Dichter von »Ihr Kinderlein kommet«*

Ruhm ist sehr vergänglich. Kaum jemand ist der Name Christoph von Schmid geläufig, dabei war er in der ersten Hälfte des 19. Jahrhunderts der berühmteste und erfolgreichste Kinder- und Jugendschriftsteller. Buchtitel wie »Wie Heinrich von Eichenfels zur Erkenntnis Gottes kam« verkaufen sich heute nicht mehr gut. Jedermann kennt jedoch das Weihnachtslied, das er geschrieben hat: »Ihr Kinderlein kommet«. Auch die Kirchenlieder »Christus ist erstanden« und »Beim letzten Abendmahle« werden noch oft gesungen.

Welche Beziehung hat der Ort Oberstadion zu diesem Mann? Christoph von Schmid war hier von 1816 bis 1827 Gemeindepfarrer, bevor er als Domkapitular nach Augsburg berufen wurde. Während seiner Amtszeit in Oberstadion wurde er als Bischof der Diözese Rottenburg vorgeschlagen, was aber abgelehnt wurde. Auch sonst war seine Karriere mit etlichen Stolpersteinen gepflastert, da man ihm unterstellte, einer Erneuerungsbewegung nahezustehen. Nachweisen konnte man es ihm nie. Seine späten Jahre verbrachte Schmid in Augsburg, hoch geachtet und verehrt. Unter anderem erhob ihn der König in den Adelsstand, und die Universität Prag verlieh ihm die Ehrendoktorwürde. Sein 80. Geburtstag war in Augsburg ein öffentlicher Feiertag. Mit 86 Jahren starb er an der Cholera.

Oberstadion hält seinen berühmten Pfarrer hoch in Ehren. Der Ort besitzt eines der größten und schönsten Krippenmuseen Deutschlands, dem Verfasser des berühmten Weihnachtsliedes ist darin ein gesondertes Zimmer gewidmet. Die örtliche Schule heißt Christoph-von-Schmid-Schule, und der aus Tausenden von bemalten Eiern bestehende Osterbrunnen ist mittlerweile in der Osterzeit zu einem richtigen Besuchermagnet geworden. Er erinnert an von Schmids im Jahre 1816 geschriebenes Büchlein »Die Ostereyer«.

**Adresse** im Krippenmuseum, Kirchplatz, 89613 Oberstadion | **ÖPNV** Regionalbus Linie 327 und 315, Haltestelle Oberstadion Krippenmuseum | **Anfahrt** Von B 311 Abfahrt Munderkingen, weiter auf K 7344 und dann L 273 bis Oberstadion Ortsmitte fahren. | **Öffnungszeiten** 1. Advent–31. Januar und 2 Wochen nach Ostern Mi 16–18 Uhr, Fr 16–17 Uhr, So 15–17 Uhr, Feb.–Okt. So 15–17 Uhr | **Tipp** In der Pfarrkirche hängt ebenfalls eine Gedenktafel an Christoph von Schmid. Außerdem ist dort in der Weihnachtszeit eine Krippe des berühmten Krippenbauers Sebastian Osterrieder aufgestellt.

# 27 Der Roggenburger Weiher

*Gelungene Symbiose von Mensch und Natur*

So ein schönes Fleckchen Erde! Dieser Gedanke ist schon manchem Besucher durch den Kopf gegangen, als er zum ersten Mal auf den zwischen Wald und Feldern gelegenen kleinen See stieß. Zuerst fallen die Ruder- und Tretboote des kleinen Bootsverleihs auf, die gemütlich im Wasser schaukelnd auf möglichst fröhliche Fahrgäste warten. Bunte Schirme an der linken Straßenseite führen zu einem urgemütlichen Biergarten, der Name »Klein-Venedig« auf dem Schild weist auf italienische Küche hin. Das an die ehemalige Klostermühle angelehnte Wirtshaus wird seit über 30 Jahren von der Familie de Blasi geführt und ist mittlerweile eine Institution in der Gegend geworden.

Um den Badesteg zu entdecken, muss man schon genau hinschauen. Er ist so unauffällig zwischen die hohen Uferbäume gebaut worden, dass das Gesamtbild der Naturlandschaft nicht beeinträchtigt wird. Fast unsichtbar vom gegenüberliegenden Ufer aus erstreckt sich hinter dem Steg eine Liegewiese, umrahmt von Wald, aber doch licht genug für ein ausgiebiges Sonnenbad. Am oberen Ende der etwa 0,5 Hektar großen, sorgfältig gemähten Wiese steht ein neues Holzhäuschen, in dem die sanitären Anlagen untergebracht sind. Zwei Umkleidekabinen mit Sitzbank, ein WC und zwei Außenduschen, mehr braucht's nicht. Und am Abend eines heißen Sommertages findet man kein Papierfetzchen auf der Wiese, obwohl keine Aufsicht da ist. Kompliment an die Besucher!

Auf dem Bodenerlebnispfad, der an der Bootslände beginnt, können Jung und Alt vieles über Bodenentstehung und -beschaffenheit erfahren, und mit etwas Glück begegnet man an dem als Vogelschutzgebiet ausgewiesenen Weiher auch noch einem Gänsesäger oder einem Singschwan.

Es bleibt zu wünschen, dass diese wunderbare Symbiose von Mensch und Natur weiterhin so erhalten bleibt. Es liegt an uns, dieses schöne Fleckchen Erde zu erhalten.

Adresse Klostermühle, 89297 Roggenburg | ÖPNV von Weißenhorn nach Roggenburg mit Buslinien 812, 763, 873, Haltestelle Kloster, von dort wenige 100 Meter zum Weiher | Anfahrt B 7, in Vöhringen nach Weißenhorn. Dort auf die Roggenburger Straße einbiegen und auf dieser bis Roggenburg weiterfahren. Parken, vor allem am Wochenende auf dem Klosterparkplatz, zu Fuß zum Weiher. | Tipp Besuchen Sie die prächtige Barockkirche, der Gesang der jungen Mönche ist beeindruckend. Gute Klostergaststätte.

# 28_Die Ausgrabungsstätte

*Der Hohle Fels, ein Fundort höchsten Ranges*

Sie ist für sich allein schon spektakulär, die Höhle, die durch Erosion aus dem 150 Millionen Jahre alten Felsen freigelegt wurde. Hier hat die Urdonau ganze Arbeit geleistet.

Wer die 30 Meter hinter dem Eingang sich öffnende Felsenhalle betritt, ist beeindruckt. Mit einer Grundfläche von 500 Quadratmetern und einer maximalen Höhe von 23 Metern hat sie die Ausmaße eines großen Kirchenschiffs. Darum bietet die große Höhlenhalle auch eine atemberaubende Akustik, ideal für die Musikveranstaltungen, die im Sommer regelmäßig dort stattfinden.

Hinter dem Höhlenportal überquert man zuerst auf einem Steg eine mit Sandsäcken ausgelegte Vertiefung. Gab es hier vor Kurzem ein Hochwasser? Nein, die Archäologen haben hier ihr Grabungsfeld abgedeckt, um es vor Beschädigungen, aber auch vor unerbetenem Zugriff zu schützen. Und es sind wirklich große Kostbarkeiten, die unter Leitung von Professor Conard von der Uni Tübingen hier gefunden wurden. Da ist zum Beispiel die 40.000 Jahre alte »Venus vom Hohle Fels«. Die sechs Zentimeter große Elfenbeinplastik gilt als die bislang älteste figürliche Darstellung eines Menschen. Genauso spektakulär ist die gleich alte Flöte aus einem Aasgeierknochen. Auf einem Nachbau kann man Melodien spielen, die auch in den Ohren der Menschen des 21. Jahrhunderts sehr angenehm klingen (siehe Seite 16). Mindestens so beeindruckend sind der Löwenmensch, ein Pferdekopf und ein Wasservogel, die alle drei schon 35.000 Jahre alt sind.

Die ersten Ausgrabungen am Hohlen Fels haben schon um 1870 stattgefunden. Allerdings ging man damals recht hemdsärmelig vor. Den heutigen Archäologen stehen die Haare zu Berge, wenn sie an die damaligen Ausgrabungsmethoden denken. Die meisten Fundstücke wurden einfach zusammengekehrt, in einen Eisenbahnwaggon geworfen und nach Stuttgart transportiert, wo ein Großteil heute noch auf seine Aufarbeitung wartet.

**Adresse** 89601 Schelklingen, Tel. Museumsverein 07394/1640 | **ÖPNV** vom Bahnhof Schelklingen an der Straße nach Blaubeuren nach etwa 500 Metern auf Rad- und Wanderweg Richtung Hohle Fels abbiegen, Gehzeit 20–30 Minuten | **Anfahrt** B 492 Schelklingen, Richtung Blaubeuren, am Ortsende rechts abbiegen. | **Öffnungszeiten** Mai–Okt. So bei schönem Wetter | **Tipp** Wer Höhlen mag, es gibt in der weiteren Umgebung von Schelklingen noch die Sontheimer Höhle, die Tiefenhöhle Laichingen und die Wimsener Höhle zu besichtigen, nähere Informationen bei GeoPark Schwäbische Alb e.V.

# 29 Der Drehrohrofen

*Das Kernstück der Zementfabrik*

Die Schelklinger Zementfabrik ist eine imposante Industrieanlage. Eine Vorstellung der wahren Ausmaße bekommt man aber erst, wenn man sich vom gegenüberliegenden Schlossturm aus einen Überblick über die Stadt und das dahinterliegende Werksgelände verschafft. Hier ist fast alles überdimensional, die Silos, die Förderanlagen, die Hallen. Selbst die Muldenkipper, die das Gestein von den Abbaustellen zu den Brecheranlagen transportieren, sind riesig. 180 Tonnen wiegen sie voll beladen, circa zwei Millionen Tonnen Gestein bewegen sie jährlich.

Und was geschieht im Zementwerk? Das im Steinbruch geförderte Material, Kalkstein und Ton beziehungsweise Kalksteinmergel, wird zuerst gemahlen und danach im Drehrohrofen zu Zementklinker gebrannt. Dies geschieht folgendermaßen: Das im Wärmetauscherturm nach unten fließende Ofenmehl wird in vier Stufen von 50 Grad Celsius auf circa 900 Grad Celsius im Einlauf des Ofenrohres erhitzt. Der Austausch der Wärme am Wärmetauscher vollzieht sich ohne mechanische Antriebe. Im Ofenrohr wird das vorentsäuerte Mehl bei Materialtemperaturen von circa 1.450 Grad Celsius zu Klinker. An der Flamme hat es sogar bis zu 2.000 Grad Celsius. Durch die Drehung und leichte Neigung des Ofens wandert es zum Ofenauslauf. Diese chemische Umwandlung des Rohmehls zu Zementklinker bezeichnet man als Sinterung. Die schwarzen Klinkerkügelchen wiederum werden dann zu Zement gemahlen. Der Schelklinger Drehrohrofen ist mit einer Gesamtlänge von 110 Metern und einem Durchmesser von 5,20 Metern einer der größten seiner Bauart in Deutschland. Der große thermische Energieaufwand wird durch die Verwertung von Altreifen bewältigt.

Obwohl das Zementwerk mit seinen etwa 150 Mitarbeitern Teil eines riesigen, weltweit agierenden Konzerns ist, gibt es einen regen Kontakt zur Bevölkerung. Man schätzt sich und braucht sich natürlich auch gegenseitig.

**Adresse** HeidelbergCement AG Zementwerk Schelklingen Zementwerk 1/1, 89601 Schelklingen | **ÖPNV** Das Werk liegt direkt hinter dem Bahnhof. | **Anfahrt** Von B 492 (Ehinger Straße) in Ortsmitte rechts in die Ringinger Straße; gut ausgeschildert. | **Öffnungszeiten** Besichtigung nur in Gruppen und nach Vereinbarung möglich, Tel. 07394/241440 | **Tipp** Eine Wanderung zum Schlossturm bietet sich an. Von dort hat man einen herrlichen Blick auf die Stadt, die Fabrik und die Umgebung.

# 30 Das Pumpwerk

*Endlich sauberes Trinkwasser auf der Alb*

Sie hatten ein schweres Leben, die Menschen auf der Albhochfläche. War es schon schwierig, mit dem Ertrag der steinigen Böden die hungrigen Mägen zu füllen, war es noch schwieriger, trinkbares Wasser zu bekommen. Deshalb wurde in der Dorfmitte die Hülbe, ein künstlicher Teich, angelegt. Hier sammelte sich das Regenwasser, das über die unbefestigten Dorfstraßen und die nahe gelegenen Hausdächer herfloss. Gutes Trinkwasser musste in Fässern aus dem Tal geholt werden, ein Luxus, den sich die armen Leute nicht leisten konnten. Eine hohe Kindersterblichkeitsrate und Viehseuchen waren die Folge.

Da entwarf der württembergische Wasserbaurat Karl Ehmann einen genialen Plan: Nach seinen Entwürfen entstand eine Steigleitung, über die sauberes Trinkwasser aus Quellen im Tal mittels einer Steigleitung zu einem Hochbehälter auf der Hochfläche gelangte. Die Pumpe wurde von einem Wasserrad angetrieben. Aus dem Hochbehälter konnte das Wasser in die an dem Projekt beteiligten Dörfer verteilt werden.

Die enorm hohen Baukosten schreckten zuerst die armen Albbewohner ab, diesen Schritt zu wagen. Doch der junge Bürgermeister von Justingen überzeugte seine Bürger von der neuen Technik, und so begann man 1870 in Teuringshofen mit dem Bau der ersten Anlage, nachdem von Stuttgart 25 Prozent Zuschuss bewilligt worden waren. 11.000 Meter Leitungsrohre mussten in zwei Metern Tiefe frostsicher verlegt werden. Ein Wasserrad mit 5,80 Metern Höhe und 2,50 Metern Breite trieb die Pumpe an. Nach neun Monaten Bauzeit floss das erste Wasser in Justingen und Umgebung aus der Leitung. Schnell erkannten auch die anderen Albgemeinden den Vorteil jederzeit verfügbaren Trinkwassers und bauten ebenfalls solche Anlagen.

Das Wasser wird mittlerweile von einer moderneren Anlage in den Hochbehälter gepumpt, das alte Pumphäuschen samt liebevoll restaurierter technischer Ausstattung ist heute ein Museum.

Adresse Pumpwerk Teuringshofen, 89601 Schelklingen, Tel. 0177/373501 | Anfahrt B 492 von Schelklingen Richtung Ehingen. In Schmiechen rechts auf K 7409, nach 2,4 Kilometern ist man am Ziel. | Öffnungszeiten Besichtigung Mai–Okt. jeden 1. So im Monat | Tipp Eine Fahrt mit der Schwäbischen Albbahn von Schelklingen nach Münsingen führt durch das Schmiechtal direkt am Pumpwerk vorbei.

# 31 Der Urspring-Quelltopf

*Des Blautopfs kleiner Bruder*

Keine Touristenströme, kein Kiosk, nicht einmal eine Postkarte wird zum Verkauf angeboten, dafür gibt es ländliche Idylle pur. Lautes Gänsegeschnatter verkündet die Ankunft eines verirrten Besuchers. Um an den Beckenrand der Urspring-Quellfassung zu gelangen und das herrliche Blau des Wassers bewundern zu können, muss man sich durch Gestrüpp kämpfen. Einmal angekommen, ist man begeistert von der Schönheit und der Romantik dieses Ortes. Der kleine See wird von einer Natursteinmauer umfasst. Dort, wo das Wasser der Karstquelle ans Tageslicht kommt, hat sich ein kleiner Hügel aus Kalksinter gebildet. Immerhin sprudeln im Durchschnitt 500 Liter pro Sekunde aus der Tiefe hervor. Das Einzugsgebiet der Quelle reicht bis zum Truppenübungsplatz Münsingen.

Allerdings gehört das Flüsschen Urspring zu den kürzesten Deutschlands, denn schon nach 580 Metern vereinigt es sich mit der Schelklinger Ach, die ihrerseits auch nur wenige Meter seit ihrer Geburt im Achquelltopf hinter sich hat. Die Quelle liegt mitten im Areal des ehemaligen Benediktinerinnenklosters, das über 600 Jahre hier beheimatet war. Alte, liebevoll restaurierte Gebäude und eine sehenswerte Kirche zeugen von diesem Priorat. Der Ort ist darum in doppelter Hinsicht sehenswert.

Heute ist hier eine Privatschule mit Internat untergebracht. Etwa 200 Schüler von der Grundschule bis zum Abitur haben so die Möglichkeit, sich in einer natürlichen Umgebung auf das Leben vorzubereiten. Das Besondere dieser Schule ist, dass die Schüler parallel zum normalen Unterricht eine Lehre absolvieren können. Man hat also am Ende der Schulzeit das Abi und einen Gesellenbrief in der Tasche. Und wenn Ihnen beim Besuch des malerischen Ortes auffallend groß gewachsene Jungs begegnen, ist das kein Zufall. In der Schule ist auch das Basketballinternat des Deutschen Basketballbundes beheimatet.

**Adresse** Urspring 1, 89601 Schelklingen | **Anfahrt** Von der B 492 am Bahnhof links auf die Bahnhofstraße, Schulstraße, dann auf die Münsinger Straße. Am Ortsende weist ein Schild nach links zur Urspringschule. | **Öffnungszeiten** jederzeit | **Tipp** In Urspring beginnt ein schöner Wanderweg, der direkt zum Achquelltopf führt.

# 32 Das Weishaupt-Forum

*Weltarchitektur, wo sie niemand vermutet*

Hat da etwa ein Scherzkeks das Ulmer Stadthaus geklaut und es in Schwendi auf der grünen Wiese wieder aufgebaut? Nein natürlich nicht, aber das Weishaupt-Forum und das Stadthaus in Ulm stammen unverkennbar vom gleichen Erbauer, dem Stararchitekten Richard Meier aus New York.

Siegfried Weishaupt, Chef der Firma Max Weishaupt GmbH für Brenner und Heizsysteme, benötigte in den 1980er Jahren neue Ausbildungs- und Sozialräume für die Mitarbeiter. Außerdem wollte er endlich seine Sammlung moderner Kunst einem größeren Publikum zugänglich machen. Sehr schnell kam bei den Planungen der Name Richard Meier ins Gespräch. Kunst braucht eine passende Umgebung. Da war der New Yorker Baukünstler mit seinen lichtdurchfluteten Räumen genau die richtige Adresse. Meier kam, sah und baute! Natürlich wie üblich ganz in Weiß. Entstanden ist eine zweiflügelige Anlage. Die beiden Flügel sind an der Westseite durch einen überdachten Übergang verbunden. Die Außenwände sind mit quadratischen, weiß lackierten Aluminiumpaneelen bedeckt, die sehr einfach zu reinigen sind. Sie werden immer wieder von Fensterflächen unterbrochen, die einen Blick nach außen oder auf die Eiche im Innenhof ermöglichen.

Nachdem die Kunstwerke einen neuen würdigen Platz in der Kunsthalle Weishaupt in Ulm gefunden haben, wird das Forum mit seinen 5.200 Quadratmetern Nutzfläche heute zum einen für eine Ausstellung der Max Weishaupt GmbH genutzt. Dieser Bereich gibt einen Überblick über deren technische Errungenschaften in Gegenwart und Vergangenheit. Der zweite Bereich ist ein Seminarkomplex. Jährlich lernen hier mehr als 3.500 Menschen, wie man die Produkte der Firma Weishaupt bedient, einbaut und wartet. Der dritte Bereich beherbergt den Speisesaal. 300 bis 400 Mitarbeiter und Gäste essen hier an Werktagen und sitzen ausnahmsweise nicht auf weißen, sondern auf schwarzen »Dining Chairs« von Charles Eames.

Adresse Max-Weishaupt-Straße 14, 88477 Schwendi | ÖPNV von Westbahnhof Laupheim mit Bus 240, Haltestelle Rathaus | Anfahrt B 30, Abfahrt Äpfingen auf die L 267, dann auf die L 266 und L 280 bis zum Ortseingang von Schwendi fahren. | Öffnungszeiten nur von außen zu besichtigen | Tipp Ein weiteres architektonisches Highlight in Schwendi ist das Biomassekraftwerk des berühmten Designers Matteo Thun in der Schillingstraße 13.

# 33 Der Alte Friedhof

*Geschichte in der innerstädtischen Oase*

Ein Besuch des Alten Friedhofs ist Kontrast pur. Musste man zuvor die Unterführung benützen, um den verkehrsintensiven Olgaplatz zu passieren, so findet man sich beim Betreten plötzlich in einer Welt der Ruhe und Besinnung wieder. Der Alte Friedhof liegt inmitten der meist befahrenen Straßen im inneren Stadtbereich. Während die Pauluskirche im Norden und die Georgskirche im Süden mit ihren wuchtigen Baukörpern »Schallschutz« bieten, kann der Lärm der Frauen- und der Friedensstraße fast ungehindert ins Innere der Anlage gelangen. Doch so seltsam es ist, man nimmt ihn nicht wahr.

Der vier Hektar große Park mit seinen 400 alten Bäumen wurde schon vor über 100 Jahren stillgelegt und beherbergt etwa 200 Grabmale aus dem 16. bis 19. Jahrhundert. Sie erinnern an Persönlichkeiten, die hauptsächlich das Stadtgeschehen Ulms im 19. Jahrhundert geprägt haben. Gleich am Eingang hinter der Georgskirche stehen die Grabmale der Leube-Brüder, Erfinder und Gründer der ersten Zementfabrik (siehe Seite 66). In friedlicher Nachbarschaft prangt unübersehbar das Monument der Schwenk-Dynastie. Die Familie Schwenk baute die Zementindustrie zu einem Großunternehmen aus, das seit gut 150 Jahren vielen Menschen Arbeit und Brot gibt. Mittlerweile zählt das Unternehmen 2.300 Mitarbeiter auf der ganzen Welt. Auch der Erfinder der fahrbaren Feuerwehrleiter, Conrad Dietrich Magirus, ruht auf dem Friedhof. Weiterhin liegen hier Pfarrer, Offiziere und Oberbürgermeister.

Genauso beachtenswert wie die Grabsteine ist die Natur. Eichhörnchen hüpfen vergnügt durch das Laub, finden dort genügend Vorrat für den Winter. Ein Specht klopft unentwegt auf der Suche nach Nahrung in die Rinde eines alten Baumes, und die Singvögel veranstalten wahre Konzerte in den Kronen der mächtigen Bäume.

Der Alte Friedhof ist inmitten der Stadt eine Oase für Mensch und Tier, hoffentlich noch sehr lange.

Adresse Eingang hinter der Georgskirche, Beethovenstraße 1, 89073 Ulm (behindertengerechter Eingang an der Frauenstraße) | ÖPNV vom Bahnhof aus in 10 Minuten zu Fuß zu erreichen; oder Straßenbahnlinie 1, Haltestelle Justizgebäude | Tipp Die beiden Garnisonskirchen Pauluskirche und Georgskirche am nördlichen und südlichen Ende des Friedhofs sind ausgezeichnete Beispiele für die Architektur von Gotteshäusern um das Jahr 1900.

# 34 Der Alte Herzog

*Zum Hauptgang Spaghetti, zum Nachtisch Liebe*

Liebe Ehefrauen und langjährige Lebensgefährtinnen! Falls Ihr Schnuckelchen mal wieder nach Hause kommt und von den besten Spaghetti Bolognese Ulms schwärmt, ist das eine genauere Nachfrage wert. Denn im ältesten Freudenhaus Ulms gibt es dieses italienische Gericht, hervorragend gekocht, zum Preis von fünf Euro. Sehr klug gedacht von Gerda Kalchschmid, der Chefin, die seit mehr als 25 Jahren diese Einrichtung betreibt. Wenn viel Pasta Profisportler schon zu Höchstleistungen verhilft, kann dies auch ihren ausschließlich männlichen Gästen nur nützlich sein.

Im Gegensatz zu gewöhnlichen Speiselokalen kann allerdings der Nachtisch deutlich teurer werden. Meistens wird dieser in flüssiger Form als Sekt, einmal für den Herrn, einmal für die Dame gegenüber, zu sich genommen. Häufig wird dann auch eine zweite und dritte Runde bestellt, die dann in einem separaten Zimmer serviert wird.

Da außer dem Personal in dem Hause keine Frauen erwünscht sind, hat das weibliche Geschlecht, besonders das verheiratete, oft falsche Vorstellungen von einem seriösen Bordell. Viele Männer kommen einfach, um bei einem oder zwei Drinks ihre Sorgen loszuwerden, berichtet Frau Kalchschmid. Die Damen sind darauf eingerichtet und nicht nur in der körperlichen Liebe geübt, sondern können auch gut zuhören. Vielleicht ist dies manchmal die bessere Alternative zu einem Psychologen: Man bekommt sofort einen Termin, das Gegenüber ist attraktiv, es gibt etwas zu trinken, und eine Stunde Therapie ist auch nicht gerade billig.

Also, liebe Ehefrauen, ein Tipp: Wenn es mal wieder in der Beziehung knirscht, probieren Sie die Methode »Alter Herzog light«. Zuerst eine Portion Spaghetti oder eine andere Lieblingsspeise, dann zum Nachtisch kleine Streicheleinheiten und bei einem Drink eine Weile zuhören. Klingt doch ganz einfach. Einen Versuch ist es allemal wert.

**Adresse** Zinglerstraße 42, 89073 Ulm | **ÖPNV** Buslinien 4, 20, 23, Haltestelle Haßlerstraße | **Öffnungszeiten** (nur für Männer) So–Do 17–4 Uhr, Fr, Sa 17–5 Uhr | **Tipp** Wer sich nach dem Besuch des »Alten Herzog« noch etwas austoben will, geht auf der Zinglerstraße stadteinwärts bis zum »Hemperium«. Eine coole In-Kneipe!

# 35 Die Astronomische Uhr

*Astronomisch kompliziert*

Wenn es nach den Ulmer Stadtführerinnen ginge, würde der Marktplatz in »Geduldsplatz« umbenannt. Am liebsten würden sie einen Bogen um diesen Ort machen, denn von hier aus kann man die Astronomische Uhr anschauen – und erklären. Und diese Erklärung ist wahrlich eine Herausforderung.

Da sind zuerst einmal gleich vier Zeiger, einer trägt eine Hand an seinem Ende, einer die Sonne, ein weiterer den Mond, und der vierte Zeiger hat die Gestalt eines Drachens. Der Zeiger mit der Hand ist der einfachste. An ihm kann man die aktuelle Uhrzeit ablesen. Auch die Hauptfunktion des Sonnenzeigers ist noch relativ einfach: Er zeigt den aktuellen Sonnenstand auf dem dritten Ring von außen an, der ein 24-Stunden-, genauer gesagt ein Zwei-mal-zwölf-Stundenblatt hat. Ganz raffiniert in technischer Hinsicht ist der Mondzeiger. Der Mond an seinem Ende dreht sich nämlich um sich selbst. Ein Kegelradgetriebe an der Uhrenachse macht dies möglich. Auf diese Weise kann man erkennen, in welcher Mondphase wir uns gerade befinden. Ansonsten zeigt er an, in welchem Sternzeichen sich momentan der Mond bewegt. Der seltsamste Zeiger ist der Drachenzeiger. Warum dieser die Mondknoten oder die sogenannten Drachenpunkte in der Ekliptikebene anzeigt, und wie man dies erkennt, erschließt sich dem astronomischen Laien nur bedingt. Dafür kann jedermann mit seiner Hilfe das Herannahen einer Sonnenfinsternis voraussagen. Dann stehen nämlich Drachen-, Mond- und Sonnenzeiger übereinander, wobei der Mond die Sonne bedeckt. Auch bei einer Mondfinsternis befinden sich alle drei Zeiger übereinander, doch Mond und Sonne liegen dann einander gegenüber.

Unglaublich, dieses Werk des Straßburger Uhrmachers Issak Habrecht wurde bereits um 1580 gebaut. Man kann nur staunen und ehrfürchtig werden in Anbetracht einer solchen Genieleistung, allein schon wegen der mathematischen Berechnungen, die im Vorfeld nötig waren.

**Adresse** Rathaus, Marktplatz 1, 89073 Ulm | **ÖPNV** 8 Gehminuten vom Bahnhof | **Tipp** Der Marktplatz und seine Umgebung bieten viele Cafés und Restaurants, auch zum Draußensitzen. Es wäre unfair, ein einzelnes herauszuheben und zu empfehlen.

# 36__Der Ausritt

*Septimus Rommels Tonfiguren*

Wer heutzutage seiner Angebeteten einen besonderen Ausflug bieten will, der fährt in feinstem Bikeroutfit bei ihr mit einer auf Hochglanz polierten Harley vor. Sie ist darauf vorbereitet und erscheint in farblich abgestimmter Ledermontur. Helm auf und ab geht's zu einem beliebten Bikertreff. Wesentlich anders war es auch vor 200 Jahren nicht. Da erschien der Kavalier zu Pferd und in Sonntagstracht bei seiner Zukünftigen, die sich natürlich aufs Feinste hergerichtet hatte. Er setzte sie hinter sich aufs Pferd, und ab ging's zu einem Biergarten außerhalb der Stadt. Damals wie heute war es eine gute Gelegenheit, einander näherzukommen, musste sie sich doch am Vordermann gut festhalten.

Dieser Ausritt, gestaltet um 1800 von Septimus Rommel, ist im Ulmer Museum zusammen mit etwa 300 weiteren Figuren zu sehen. Die verschiedenen Kunstwerke aus Bürgerporzellan, wie man Ton auch nannte, spiegeln das Leben in Ulm auf so eindrückliche Weise, dass jede schriftliche Beschreibung dagegen blass erscheint.

Septimus Rommel war einer der 13 Söhne des Ulmer Hafnermeisters Jakob Rommel. Dieser benannte sie einfachheitshalber auf Lateinisch in nummerischer Reihenfolge, also Primus, Secundus, Tertius und so weiter. Septimus war eben der siebte Sohn. Weniger bekannt ist vermutlich, dass im festlichen Jahreskreis der Stadt Ulm zwei von Rommels Tonfiguren eine wichtige Rolle spielen. Das Hansele vom Fischerstechen ist eine historische Narrengestalt. Vorlage dafür ist eine Rommelfigur, die dem württembergischen König aus Anlass seines Besuchs beim Fischerstechen überreicht wurde.

Und wenn die Binder in ihren weißen Hemden, den roten Hosen, den weißen Perücken und den schwarzen Dreispitzhüten am Schwörmontag ihren Tanz beginnen, ist es gut zu wissen, dass ein Tonfigürchen Rommels im Ulmer Museum für diese Kleidung Pate stand.

**Adresse** Ulmer Museum, Marktplatz 9, 89073 Ulm | **ÖPNV** 7 Gehminuten vom Hauptbahnhof | **Öffnungszeiten** Di–So 11–17 Uhr | **Tipp** Nach all den interessanten Sehenswürdigkeiten im Ulmer Museum gibt es zum Ausruhen ein Café mit einem sehr leckeren Mittagstisch.

# 37 Das Berblinger-Denkmal

*Einfach nur zu früh geboren*

Wer Albrecht Ludwig Berblinger war, weiß in Ulm jedes Kind. Der als »Schneider von Ulm« in die Geschichte eingegangene Erfinder des ersten Flugapparats ist der berühmteste und meisterwähnte Sohn der Stadt. Doch fast 100 Jahre war er vergessen, sein Flugapparat lag lange unbeachtet auf einem Dachboden. Wie kam es dazu?

Berblinger wuchs im Waisenhaus auf. Gegen seinen Willen musste er eine Schneiderlehre absolvieren, war schon mit 21 Jahren Meister und wurde ein erfolgreicher Geschäftsmann. Seine wirkliche Leidenschaft galt aber seinen Erfindungen. Bevor er seinen Flugapparat vorstellte, hatte er schon 1808 die erste bewegliche Beinprothese entwickelt. Obwohl sie gut funktionierte und ihrem Träger eine neue Mobilität ermöglichte, fand sie keine Verbreitung. 1811 war seine Flugmaschine fertig. Er stellte sie im »Goldenen Kreuz« aus, nachdem er etliche heimliche Flugversuche in den Weingärten des Michelsbergs unternommen hatte. Die Ulmer erkannten die Gelegenheit, ihrem König bei seinem Besuch etwas Besonderes, nämlich Berblingers Flugkünste, vorzuführen. Doch der König sah auf dem sieben Meter hohen Gerüst, von dem aus der Erfinder starten wollte, nur einen tänzelnden, sehr nervösen Mann und musste abreisen, ohne einen Flug gesehen zu haben. Am nächsten Tage fühlte sich Berblinger genötigt, den Versuch vor den Augen des Bruders des Königs durchzuführen. Der Ausgang ist allgemein bekannt, Berblingers Versuch misslang, er stürzte in die Donau und wurde unter dem Gejohle der Zuschauer von Fischern aus dem Wasser gezogen.

Dieser Sturz in die Donau war auch sein persönlicher und geschäftlicher Absturz. Berblinger verstarb völlig verarmt 1829 an »Abzehrung«. Erst 1906 wurde man durch den Roman von Max Eyth »Der Schneider von Ulm« wieder auf ihn aufmerksam und erkannte seine Genialität. Eine späte Anerkennung, die ihm nichts mehr nützte.

Adresse Berblinger-Denkmal an der Stadtmauer Adler-Bastei, 89073 Ulm | ÖPNV 10 Gehminuten vom Bahnhof entfernt | Tipp An der Adler-Bastei ist im Boden eine Gedenkplatte eingelassen. Seit 1988 schreibt die Wissenschaftsstadt Ulm den Berblinger-Preis für herausragende Innovationen im Flugzeugbau aus.

# 38 Das Brettle

*Alles von Hand gemacht*

Der Eingang wirkt einladend. Neben der niederen Tür steht ein Tischchen, seitlich davon eine etwas groß gewordene Topfpflanze. Auf einer Tafel die Tagesangebote. Meistens ist Pasta dabei und immer ein Gericht bodenständige Hausmannskost. Die Küche wirbt damit, alles frisch zuzubereiten. Es wird nicht zu viel versprochen, das Essen hat einen soliden, natürlichen Geschmack. Dabei stört sich auch kein Besucher daran, dass die Mittagskarte etwas eingeschränkt ist. Immerhin sind täglich zwei verschiedene Suppen und eine große Salatauswahl dabei. Man soll sich wie zu Hause fühlen, und dort kann man schließlich auch keine große Speisekarte erwarten.

Die Einrichtung mit ihren Holztischen ist eine Mischung aus Bistro und Bauernstube. Das ist Absicht, denn das Publikum besteht in der Hauptsache aus jungen Leuten, die keine schrille, sondern eine gemütliche Atmosphäre suchen. Als sehr üppig kann man getrost das Frühstücksangebot mit seinen acht verschiedenen Varianten bezeichnen. Da gibt es zum Beispiel die süße, die deftige, die vegetarische, die italienische oder die bayrische Variante mit Weißwurst. Zum Hause passend, ist die Marmelade selbst gemacht, und das Ei aus biologischer Haltung. Nachmittags werden täglich selbst gebackene Kuchen angeboten, auch hier achtet man auf natürliche Zutaten.

Gegen Abend nehmen die Gäste lieber das riesige Getränkeangebot wahr. Neben einer Weinkarte mit 13 verschiedenen Sorten aus verschiedensten Anbaugebieten gibt es ein vielseitiges Angebot an Longdrinks und Cocktails, auch alkoholfrei. Manchmal ist abends Livemusik angesagt, dann geht im Lokal schon mal der »Punk« ab.

Am Sonntagabend ist immer »Tatort«-Zeit. Während die Krimiserie im Fernsehen läuft, dürfen die Gäste raten, wer der Täter ist. Derjenige, der als erster den richtigen nennt, bekommt als Preis eine Portion Kässpätzle.

**Adresse** Rabengasse 10, 89073 Ulm, Tel. 0731/66502 | **ÖPNV** vom Bahnhof sind es 8 Minuten bis zum Brettle, vom nördlichen Teil des Münsters nur wenige Schritte | **Öffnungszeiten** Mo–Do, Sa 8–2 Uhr Fr 10–2 Uhr | **Tipp** Am östlichen Ende der Herrenkellergasse befindet sich das Einsteinhaus mit einer großen Fotodokumentation über das Leben des Physikers.

# 39 Das bronzene Stadtrelief

*Für Blinde und Sehende gleichermaßen nützlich*

Wer im Besitz seines Augenlichts ist, hat keine Mühe, sich in der Ulmer Innenstadt zu orientieren. Entweder er holt sich einen kostenlosen Stadtplan im Tourismusbüro, oder er bedient sich gleich des kleinen digitalen Helferleins in seiner Tasche. Doch blinden Menschen, die sich ebenfalls ein Bild von der Stadt an der Donau machen wollen, ist damit nicht geholfen. Für sie ist das Tastmodell auf dem Münsterplatz die wichtigste Orientierungshilfe. Der 1,50 Meter auf 1 Meter große Bronzeguss des Bildhauers Egbert Broerken, dessen dreidimensionale Stadtpläne mittlerweile in 70 Städten stehen, ist eine Spende des Lionsclubs von Ulm und Neu-Ulm.

Mit Fingerspitzengefühl kann sich der Blinde durch die Straßen und Gassen tasten, die Gebäudefassaden erspüren und die Namen der wichtigsten Straßen und Sehenswürdigkeiten in Braille lesen. »Der Metzgerturm müsste schiefer sein, und der Schwörhaus-Balkon fehlt, aber ansonsten ist es ganz wunderbar«, meint Hartmut Dorow, der ehemalige Behindertenbeauftragte der Stadt, selbst blind seit seinem zehnten Lebensjahr. Er bietet in regelmäßigen Abständen Stadtführungen für Blinde und Sehende an. Schon 1.500 Blinde haben dadurch Wichtiges über die Stadt Ulm im wirklichen Sinne des Wortes »begriffen«. Der unermüdliche Kämpfer für die Belange der Sehbehinderten hat schon vieles erreicht. Es gibt in der Stadt mittlerweile 400 Blindenampeln, den Duft- und Tastgarten mit seinen Wasserspielen und eine Hörzeitung, die schon mehr als 1.000-mal erschienen ist und von Häftlingen der Ulmer Justizvollzugsanstalt produziert wird.

»Den Ulmer Spatz auf dem Dach des Münsters vermisse ich«, wandte sich Blindenführer Dorow bei der Einweihung scherzhaft an den Künstler. Dieser versprach umgehende Nachbesserung, wohl wissend, dass ein maßstabsgetreuer und gleichzeitig gut ertastbarer Spatz äußerst schwer zu realisieren sein wird.

Adresse Münsterplatz, 89073 Ulm | ÖPNV etwa 20 Meter von der Südwestecke des Münsters entfernt | Tipp Das Naturkundliche Bildungszentrum Kornhausgasse 3 verfügt über zahlreiche Informationstafeln in Blindenschrift.

# 40 Die Buchstaben am Donauufer

*Pfiffiger Hinweis auf das Donaufest*

Auf dem Radweg entlang der Donauwiesen sind große Buchstaben aufgemalt. Es ist gar nicht so einfach, diese zu Wörtern zusammenzusetzen, bedarf es doch dazu eines längeren Fußmarsches. Leichter geht es, wenn man auf der Herdbrücke steht und die Schriftzeichen von oben betrachtet. Da werden die Lettern plötzlich zu Namen an der Donau gelegener Städte wie Regensburg, Passau oder Wien.

Die Wörter sind eine raffinierte, ständig präsente Werbung für das alle zwei Jahre stattfindende Donaufest in der Doppelstadt. Zehn Tage lang feiern Zehntausende beiderseits der Donau ausgelassen mit anderen Donaustadtbewohnern die Tatsache, dass sie alle am Ufer desselben Flusses wohnen. In unzähligen Zelten bieten in schicker Tracht angezogene Menschen aus den Anrainerstaaten köstliche Speisen und Souvenirs aus ihrer Heimat an. Zur Unterhaltung ertönt an verschiedenen Stellen fröhliche Volksmusik aus allen Regionen, ohne dass man sich gegenseitig akustisch in die Quere kommt. Kinder entdecken auf dem Gelände Spielgeräte, die sie noch nie gesehen haben, wie zum Beispiel ein Karussell aus Holz und geflochtenen Körben als Sitzmöglichkeit.

Um problemlos von einem zum anderen Ufer zu gelangen, muss man nur eine der mit Zebrastreifen angemalten Zillen besteigen, die die Feiernden mit Muskelkraft über den Fluss befördern. Wenn es Abend wird und Tausende bunter Lampen und Scheinwerfer das Fest beleuchten, gibt es auf mehreren Bühnen unterschiedlichste Musik zu hören. Von Klassik bis Hardrock spannt sich das Angebot, und Ulm tanzt und singt nächtelang.

Parallel dazu finden noch Vorträge, Autorenlesungen und Informationsveranstaltungen statt. Und nicht zu vergessen das Jugendcamp, bei dem junge Menschen aus den Donaustädten zehn gemeinsame Tage verbringen.

**Adresse** Donauufer Ulm/Neu-Ulm, Tel. 0731/8803060 | **ÖPNV** vom Bahnhof und vom Münster aus 5 Minuten zum Donauufer | **Tipp** Wer nach dem Donaufest in Feierlaune bleiben will, dem sei das zwei Wochen später stattfindende Nabade im Rahmen des Schwörmontags empfohlen.

# 41 Das Café LesBar

*Der schönste Blick aufs Münster*

»Deutschlands schönste Bausünde«, diesen wenig schmeichelhaften Titel erhielt die Glaspyramide im Herzen der Altstadt von Ulm im Jahre 2012 vom ZDF verliehen. Über Geschmack lässt sich trefflich streiten, und das taten die Ulmer ausgiebig, vor und nach dem Beschluss des Gemeinderats, der dieses mutige Bauvorhaben genehmigte.

Jetzt ist sie Wirklichkeit, die neue Bibliothek in der gläsernen Pyramide des bekannten und vielfach preisgekrönten Architekten Gottfried Böhm, und die meisten Ulmer haben sich längst an den Anblick gewöhnt. Manche könnten sich gar kein anderes Bauwerk an dieser Stelle mehr vorstellen. Und wer hineingeht, entdeckt bald die Vorzüge dieser Bauweise: In den lichtdurchfluteten Stockwerken findet man sich schnell zurecht und hat als Kulisse ständig die wunderschöne Altstadt vor Augen. Man fühlt sich sofort wohl in diesem Gebäude. Es geht dank der geräuschabsorbierenden Bodenbeläge sehr leise zu. Im Erdgeschoss liegt der große Verkehrsraum mit der zentralen Ausleihe und Rückgabe. Die Kinderbibliothek im ersten Obergeschoss offeriert den Kleinen nicht nur Bücher zur Ausleihe, sondern fast alles, was die neue Medienwelt zu bieten hat. Im zweiten und dritten Obergeschoss ist die Erwachsenenliteratur untergebracht und im vierten die Verwaltung.

Aber erst im fünften Obergeschoss zeigt die Glasarchitektur ihre wahren Vorzüge. Der Lesesaal bietet einen herrlichen Panoramablick über die Innenstadt und das Umland. Bei klarem Wetter kann das Auge bis zu den Alpen schweifen. Hier ist auch das Café LesBar zu finden. Ehrenamtliche Helfer der Caritas bieten Kaffee und Getränke sowie Snacks zu sehr moderaten Preisen an. Wenn man dann mit einer Tasse Kaffee, einer netten Lektüre unter dem Arm die restlichen Stufen zur Galerie erklimmt, sich dort in einen der äußerst bequemen Sessel setzt und das ganze Münster zum Greifen nahe vor sich hat, dann fühlt man sich fast wie im Himmel.

Adresse Vestgasse 1, 89073 Ulm, Tel. 0731/1614140 | ÖPNV in 6 Minuten vom Bahnhof aus zu erreichen | Tipp Über den angrenzenden Marktplatz hinweg ist das Ulmer Museum mit seinen zahlreichen bedeutenden Kunstwerken, unter anderem dem Löwenmenschen, einem der ältesten figürlichen Kunstwerke der Menschheit. Der Besuch ist eigentlich für den Interessierten unumgänglich.

# 42 Das Dinglinger-Relief

*Vom Lautenberg zum Grünen Gewölbe*

Der Andrang zum Grünen Gewölbe im Dresdner Residenzschloss mit seinen beiden Abteilungen Historisches und Neues Grünes Gewölbe ist so gewaltig, dass es schwer ist, eine Eintrittskarte zu ergattern. Und was für den Louvre die Mona Lisa, ist für das Grüne Gewölbe »Der Hofstaat zu Delhi am Geburtstag des Großmoguls Aureng-Zeb«, gefertigt vom Hofjuwelier Johann Melchior Dinglinger in den Jahren 1701 bis 1708. Es war das im wahrsten Sinne des Wortes hochkarätigste und deswegen auch teuerste Schmuckstück der damaligen Zeit. In dem Meisterwerk aus der Werkstatt Dinglingers waren Tausende Diamanten, Hunderte Rubine und Smaragde, zig Perlen und ein Saphir verarbeitet. August der Starke erwarb dieses Prachtexemplar der Juwelierskunst, benötigte aber Jahre, bis er es bezahlt hatte. Aus Dinglingers Hand sind noch viele weitere Preziosen im Museum zu entdecken, zum Beispiel das »goldene Kaffeezeug« und das »Bad der Diana«.

Wer war dieser Johann Melchior Dinglinger? In Biberach geboren und aufgewachsen, machte er in Ulm eine Lehre als Goldschmied. Ab 1692 arbeitete er in Dresden und wurde 1698 Hofjuwelier bei August dem Starken. Gemeinsam mit seinen zwei Brüdern und 14 Gesellen schuf er Kunstwerke, die in ganz Europa begehrt waren. So zählte nicht nur der sächsische Hof, sondern auch der russische Zar zu den Kunden des tüchtigen Oberschwaben. Zum künstlerischen Ruhm gesellte sich auch der wirtschaftliche Erfolg. Die Stadtpaläste der Dinglinger-Brüder gehörten zu den prächtigsten Gebäuden Dresdens. Noch eine interessante Information zu Dinglingers Privatleben: Der wohlhabende Mann war fünfmal verheiratet und hatte 23 Kinder.

Am Lautenberg ist über dem Eingang zu seiner ehemaligen Lehrwerkstatt ein Relief mit dem Porträt Dinglingers angebracht. Es konnte aus dem im Zweiten Weltkrieg zerstörten Haus geborgen und am neu erstellten Gebäude wieder angebracht werden.

Adresse am Eckhaus Hirschstraße 1, über dem Eingang am Lautenberg, 89073 Ulm | ÖPNV 7 Gehminuten vom Bahnhof und nur wenige Meter von der Südwestecke des Münsterplatzes entfernt | Tipp In Biberach steht in der Bürgerturmstraße 14 das Geburtshaus Dinglingers und das Dinglingerhaus auf dem Marktplatz 41 (Allmannsche Apotheke). Die Familie nutzte es vermutlich auf Reisen. Im Braith-Mali-Museum ist der »Blumenkorb« ausgestellt, eine wertvolle Arbeit aus der Dinglinger-Werkstatt.

# 43 Der Elefant am Dachtrauf des Münsters

*Regenrinnenkunst*

Schon vor Christi Geburt erkannte man, dass das Regenwasser möglichst weit entfernt vom Gebäude das Dach herunterschießen sollte, um ein Eindringen in das Mauerwerk und Fundament zu verhindern. Dafür benötigte man eine Röhre, die das gesammelte Wasser in entsprechender Distanz vom Haus zu Boden schießen ließ. Notwendig wurde diese Einrichtung besonders an Tempeln und großen Kirchen, bei denen kein großer Dachüberhang möglich war. Und da nun mal Tempel und Kirchen nicht nur Orte des Gebets, sondern auch architektonische Kunstwerke waren, lag es nahe, die Wasserspeier ebenfalls kunstvoll zu gestalten. Bei den griechischen Tempeln schoss das Wasser aus Theatermasken, bei späteren Gebäuden aus Löwenköpfen. Ihren künstlerischen Höhepunkt hatten die Wasserspeier im Mittelalter: Damals wurden sie zu einem unverzichtbaren Element der Außenfassadengestaltung der großen gotischen Kathedralen.

Zu den europaweit bekanntesten Wasserspeiern zählen die vom Ulmer Münster. Allerdings wurden sie erst im 19. Jahrhundert im Zuge der Fertigstellung des Turmes geschaffen. Ferdinand Thrän, Münsterbaumeister von 1844 bis 1870, war in der komfortablen Lage, sich in Köln, Straßburg und Freiburg Anregungen für seine Skulpturen in Ulm holen zu können. Er übernahm dabei die Tiersymbolik des Mittelalters und schuf 145 Fabelwesen und Tiergestalten verschiedenster Art, unter anderem einen Elefanten. Die meisten von ihnen haben im Rücken Röhren, die dem eigentlichen Zweck der Kunstwerke, der Wasserableitung, dienen.

Eine gestalterische Ausnahme bildet ein Wasserspeier, in dem ein besonders fleißiger Bildhauer der Münsterbauhütte namens »Huggele« verewigt wurde.

Es lohnt sich wirklich, am Münster den Blick nach oben zu richten und die vielen Wasserspeier mal genauer zu betrachten.

Adresse Münsterplatz, 89073 Ulm (Der Elefant befindet sich an der Südseite, »Huggele« kann man bei einer Turmbesteigung an der Ostseite des Hauptturms entdecken.) | ÖPNV 6 Minuten vom Bahnhof entfernt | Tipp Unterhalb des Elefanten liegt das Hotel und Restaurant »Ulmer Spatz« mit empfehlenswerter Küche und einem Hotelspatz als Aushängeschild.

# 44 Der Entendamm

*Das Schlafzimmer der Donauvögel*

Wenn jemand fragt, welches das zweitwichtigste Tier in Ulm ist, bekommt er sicher die Antwort: die Ente. Und man könnte fast eine Wette abschließen, dass es mehr Enten in Ulm gibt als Spatzen. Auf jeden Fall sind sie präsenter. Zu Hunderten bevölkern sie das Donauufer und die beiden Arme der Blau im Fischerviertel. Die eindeutig am häufigsten vorkommende Art ist die Stockente, landläufig als Wildente bezeichnet. Der smaragdgrüne Kopf, die weiße Halsbinde und der dunkle Hals des Erpels wirken ausgesprochen schön und elegant. Auf dem Rücken kann man noch einen blauen »Flügelspiegel« entdecken, den übrigens auch das Weibchen besitzt. Ansonsten ist es nur mit beige-braunem Gefieder ausgestattet, gut für die Tarnung, schlecht für die Optik.

Doch es tummeln sich noch andere Wasservögel an Donau und Blau. Während das Blesshuhn neben der Stockente die zweithäufigste Wasservogelart ist, kann man hier mit etwas Geduld auch sehr seltene Tiere beobachten. Den Gänsesäger zum Beispiel mit seinem schwarz-weißen Kleid beim Erpel und der flotten Hinterkopffrisur beim Weibchen. Oder die sehr hübsch anzuschauende Kolbenente mit ihrem feuerroten Schnabel.

Das bevorzugte Rückzugsgebiet der Enten ist der nur etwa 80 Meter lange und höchstens 50 Zentimeter breite Damm zwischen dem Austritt der Blau an der Glöcklerstraße bis zum Beginn der Insel. Diese Mauer, die mittlerweile von der Natur zurückerobert wurde, trennt schon vor der Insel die kleine und große Blau voneinander. Zwischen Büschen, Bäumen und Grasbewuchs können sich hier die Wasservögel unbehelligt ausruhen. Wer hierherkommen will, muss fliegen können oder sich gern nasse Füße holen – also nichts für Füchse und Marder. Dafür haben Passanten vom Ufer aus ihre helle Freude an dem Treiben der Wasservögel auf dem kleinen Biotop mitten in der Stadt, besonders dann, wenn der Entennachwuchs seine ersten Runden dreht.

Adresse Lautengasse, 89073 Ulm | ÖPNV 300 Meter vom Bahnhof entfernt | Tipp Am Ende des Damms, auf der Spitze der Donauinsel, ist ein Spielplatz mit einem schönen Boot zum Donauschiffer-Spielen.

# 45 Fräulein Berger

*Zurück in die 50er*

Wer in Ulm ein Lokal eröffnen möchte, der muss sich etwas einfallen lassen, denn die Stadt hat angeblich die größte Kneipendichte Deutschlands. Bis vor Kurzem gab es trotzdem kein Café im Stil der 50er Jahre mehr, alle hatten sich mehr oder weniger der neuen Zeit angepasst. Darin erkannten Jessica Basler und Joe Hochberger eine Marktlücke und gingen auf die Suche nach geeignetem Inventar für ein nostalgisches Café. Sämtliche Trödelläden und -märkte der Umgebung wurden unter die Lupe genommen, Haushaltsauflösungen inspiziert und das Internet nach entsprechendem Geschirr durchstöbert.

Das Suchen hat sich gelohnt, das Ergebnis kann sich sehen lassen. Wer das »Fräulein Berger« betritt, fühlt sich um 60 Jahre in der Zeit zurückversetzt. Da sitzt man auf Kunstledersesseln oder einem Sofa mit kleinkariertem Stoffbezug und bekommt sein Getränk in der Sammeltasse auf einem dünnbeinigen Nierentischchen serviert. Die Zuckerdosen und Blumenvasen auf dem Tisch haben ein Blümchenmuster. Aus einem schönen, alten Röhrenradio ertönt leise Musik. Allerdings versteckt sich darin moderne Technik. Bei der Gestaltung der Speisekarte beweist das Lokal ebenfalls Phantasie. Wer am Wochenende »Fräulein Berger im Dirndl« bestellt, bekommt Weißwürste, wenn »Fräulein Berger im Grünen« auf der Karte steht, dann ist damit ein vegetarisches Frühstück mit Kräuterfrischkäse gemeint.

Apropos Frühstück: Die Marmelade, die zu den verschiedenen Frühstücksvarianten serviert wird, stammt selbstverständlich aus eigener Herstellung.

Und wie kamen die zwei Betreiber auf den ungewöhnlichen Namen dieses Cafés? Er setzt sich aus dem zweiten Teil von Hochberger, also Berger, und der Anrede von Frau Basler zusammen. Da die beiden aber schon den Club »Frau Berger« betreiben, hat man aus der Frau Berger ein »Fräulein Berger« gemacht, was sich doch sehr schön nostalgisch anhört, nicht wahr?

**Adresse** Herrenkellergasse 14, 89073 Ulm | **ÖPNV** von der Nordseite des Münsters die Rabengasse hinunter bis zur Einbiegung in die Herrenkellergasse, Gehzeit 2 Minuten, vom Bahnhof aus sind es 8 Minuten | **Öffnungszeiten** Di–Mi 8.30–20 Uhr, Do–Fr 8.30–22 Uhr, Sa 10–22 Uhr, So 10–20 Uhr | **Tipp** Das Café Tröglen am Münsterplatz besitzt auch nostalgisches Flair. Hier wurde einfach die alte Möblierung aus den 70er Jahren nie ausgetauscht, sondern liebevoll instand gehalten.

# 46 Das Gänstor

*Der Anfang einer schweren Zeit*

Das um 1350 erbaute Gänstor gehört zu den imposantesten mittelalterlichen Gebäuden Ulms. 1702 wurde es Schauplatz eines für die Stadt schicksalhaften Ereignisses:

In Europa herrschte mal wieder Krieg, der sogenannte Spanische Erbfolgekrieg. Der habsburgische Kaiser und der französische König stritten sich, wer der Nachfolger auf dem Thron des 1700 verstorbenen Königs von Spanien werden sollte. Beide hatten Verbündete, Frankreich bekam unter anderem Unterstützung vom bayrischen Kurfürsten. Ulm hatte jetzt als freie Reichsstadt den Feind direkt vor der Tür. Für die Bayern war es die Gelegenheit, Ulm anzugreifen, denn sie waren sich des Beistands der Franzosen sicher. Doch Ulm war stark befestigt, eine Belagerung hätte zu lange gedauert. Die Stadt konnte nur mittels einer List erobert werden. Oberst von Pechmann bekam den Auftrag, einen handstreichartigen Überfall zu planen. Er selbst schlich sich in Ulm als Zivilist ein und erkundete unbeobachtet die Schwachstellen der Festungsanlagen, weitere Offiziere folgten nach. Am 8. September passierten etwa 40 vermeintliche Bauern in aller Herrgottsfrühe mit Säcken und Körben auf dem Weg zum Markt das Gänstor. In Wirklichkeit waren es bayrische Offiziere. Die Wachen bemerkten aber frühzeitig den Schwindel, und es kam zu einer heftigen Auseinandersetzung zwischen den Offizieren und dem Wachpersonal. Letztlich gewannen die Bayern die Oberhand und konnten das Tor für die nachrückenden Truppen des Kurfürsten öffnen, Oberst Pechmann verlor allerdings dabei sein Leben.

Die Ulmer Bürger gaben sich jedoch nicht geschlagen. Sie wollten in einem Häuserkampf die Truppen wieder hinaustreiben. Doch der Rat der Stadt war dagegen, er befürchtete zu Recht ein sinnloses Gemetzel. Am selben Tage noch wurde ein Waffenstillstand geschlossen und die Stadt den Bayern übergeben. Das war der Beginn einer langjährigen Besatzung.

**Adresse** Gänsturm, Zeughausgasse 2, 89073 Ulm | **ÖPNV** Buslinie 5, Haltestelle Gänsturm oder zu Fuß vom Münster in 8 Minuten | **Tipp** Gegenüber dem Gänsturm liegt das Kongresszentrum mit seinen wunderschönen Veranstaltungsräumen und dem Maritim Hotel.

# 47 Das Geburtshaus der Knef

*Für Hildegard regnete es nie rote Rosen*

Wer an der von wildem Wein bewachsenen Hausfassade der Turmgasse 1 oder im darin befindlichen griechischen Restaurant nach Hinweisen auf Hildegard Knef sucht, tut dies vergebens. Eigentlich schade! Immerhin wurde eine der größten deutschen Schauspielerinnen und Chansonsängerinnen hier geboren und verbrachte in diesem Hause auch ihr erstes Lebensjahr. Nach dem Tode des Vaters im Jahre 1926 zog die Mutter mit ihr nach Berlin, wo sie ab 1943 eine Schauspiellehre durchlief. 1947 heiratete sie einen amerikanischen Offizier, 1948 folgte sie ihm in die USA, nachdem sie schon erste internationale Erfolge als Filmschauspielerin verzeichnen konnte. 1950 kam sie vorübergehend nach Deutschland zurück, um die Hauptrolle in dem Film »Die Sünderin« zu spielen. Das Werk wurde zum größten Filmskandal der Nachkriegszeit, einerseits, weil das Thema Sterbehilfe zur Sprache kam, andererseits, weil sie für einen kurzen Moment nackt auf der Leinwand erschien. Von vielen Menschen angefeindet, kehrte sie eilends ihrer Heimat den Rücken und wurde in New York zum gefeierten Film- und Broadwaystar.

Nach Zerwürfnissen mit ihrem Produzenten kam sie 1957 wieder nach Deutschland, wo sie aber nie an die Erfolge in den USA anknüpfen konnte. Sie spielte in einigen Filmen mit, ein durchschlagender Erfolg war ihr aber nicht mehr beschieden. Auch ihr Privatleben war durchwachsen. Nach zwei gescheiterten Ehen heiratete Hildegard Knef 1977 den 15 Jahre jüngeren Paul von Schell und führte mit ihm wohl eine recht glückliche Ehe bis zu ihrem Tod im Jahre 2002. Paul soll ihr als letzte Worte am Sterbebett eine wunderbare Liebeserklärung ins Ohr geflüstert haben.

Die Stadt Ulm hat ihr den »Hildegard-Knef-Platz«, eine Fußgängerzone in bester Lage, gewidmet. Eine Fotoausstellung und zwei Liederabende im Jahre 2007 erinnerten ebenfalls an die großartige Künstlerin.

**Adresse** Turmgasse 1, 89073 Ulm | **ÖPNV** nur 10 Gehminuten vom Bahnhof entfernt | **Tipp** In der Baurengasse 13 befindet sich das Traditionslokal »Schwarze Henne« mit gehobener Küche und besten Bewertungen.

# 48 Das Geigenatelier

*Die Synthese von Handwerk und Kunst*

So einfach ist Bernhard Gerstners Werkstatt nicht zu finden, und das ist gut so. Man vermutet zwischen den Wohnblocks der Bessererstraße nicht unbedingt das Atelier eines bekannten Geigenbauers. Doch das direkte Umfeld wirkt mit dem kleinen Garten und dem idyllischen Hinterhof durchaus malerisch.

Die Werkstatt sieht genauso aus, wie man sich das Reich eines Geigenbauers in Gedanken ausmalt. Eine Reihe verschiedener Hobel und anderer Werkzeuge liegen griffbereit auf der Werkbank. In der Ecke eine kleine Herdplatte, auf der ein Topf zur Erhitzung des Knochenleims steht, denn nur heißer Leim lässt sich verarbeiten. Zwei Geigen sind gerade in Bearbeitung, die eine zur Reparatur, die andere besteht bis jetzt nur aus dem unbehandelten Korpus und wartet, bis der Leim trocken ist.

Von der Decke hängt eine ganze Reihe von fertigen Geigen. Der Meister nimmt eine davon herunter und zeigt sie mit einem gewissen Stolz. Es ist ein Instrument des Geigenbauers Benedikt Wagner aus Ellwangen, der im Barock zu den ganz Großen seiner Zunft in Deutschland zählte.

Bernhard Gerstner stammt aus einer Arztfamilie in Überlingen und begann mit acht Jahren, Geige zu spielen. Seitdem hat ihn das Instrument nie mehr losgelassen. Anstatt wie ursprünglich geplant Geiger zu werden, hat er es aber vorgezogen, eine Lehre als Geigenbauer in Mittenwald zu absolvieren. Nach der Meisterprüfung suchte er eine Stadt, in der es ein Orchester und eine große Musikschule, aber noch keinen Geigenbauer gab. In Ulm wurde er fündig, die Stadt wurde für ihn zur neuen Heimat.

Gerstner baut nicht nur Geigen, er musiziert auch gern damit. Neben der klassischen Musik spielt er Swing und Jazz in einer Band. Und er liebt seinen Beruf auch heute noch! In welchem anderen Handwerk kann man manuelle Geschicklichkeit und künstlerisches Schaffen so gut miteinander verbinden?

Adresse Bessererstraße 16/4, 89073 Ulm | ÖPNV Straßenbahn Linie 1, Haltestelle Justizgebäude | Tipp Wer Bernhard Gerstner live erleben will, besucht am besten Veranstaltungen seiner Band »Take Five Combo«.

# 49 Der gläserne Steg

*Nicht nur Brücke zwischen zwei Museen*

Was war das für ein Streit, bis dieser Steg gebaut werden durfte. Da wurden Leserbriefe geschrieben, Pamphlete verfasst, Ängste geschürt und Emotionen freigesetzt. Bis zur Eröffnung 2007 kämpften die Gegner gegen das Projekt. Doch schon kurz danach verstummten die meisten gegnerischen Stimmen, die Ulmer erkannten plötzlich den Reiz dieser gläsernen Brücke. Das Bauwerk ist ein Symbol für die Stadt, deren großes Verdienst es ist, Altes und Neues auf geniale Weise zur verbinden. Und welche Gebäude bieten da den größten Kontrast? Auf der einen Seite das Ulmer Museum, das eines der ältesten Kunstwerke der Menschheit, den Löwenmenschen, in sich birgt. Auf der anderen Seite die Kunsthalle Weishaupt, die dem Besucher eine hochkarätige Sammlung moderner Kunst präsentieren kann. Die Brücke ist aber auch aus architektonischer Sicht ein wichtiges Element. Man braucht sich bloß mal auf die Fußgängerinsel der Neuen Straße zu stellen und den Steg wegzudenken. Man wäre entsetzt, denn die lange Fassade der Kunsthalle benötigt unbedingt diese bauliche Auflockerung, und die neue Straße würde die ganze Innenstadt wieder in zwei Teile reißen.

Wer aus den Fenstern des Stegs in Richtung Westen auf die Stadt hinunterschaut, erlebt einen ganz neuen Blick auf die Gebäude der Neuen Mitte. Endlich kann man die Gemälde an der Rathausfassade mal auf Augenhöhe anschauen und das Treiben auf dem Hans-und-Sophie-Scholl-Platz beobachten. Den Lärm des unten rollenden Verkehrs kann man vernachlässigen, die Fahrzeuge bewegen sich wie in einer Spielzeuganlage. Der Blick in die Gegenrichtung kann wesentlich weiter schweifen. Zuerst auf die Dreifaltigkeitskirche mit ihrem Zwiebelturm und den Salemer Hof auf der gegenüberliegenden Seite. Und weiter hinten ragt noch das Gänstor zwischen den Häusern der östlichen Altstadt heraus.

Man sieht, der gläserne Steg hat sich in vielerlei Hinsicht gelohnt.

Adresse Neue Straße auf der Höhe der Kunsthalle Weishaupt, 89073 Ulm | ÖPNV 8 Gehminuten vom Bahnhof | Tipp Im Ulmer Museum und in der Kunsthalle Weishaupt gibt es eine Kombikarte, mit der man nach Lust und Laune über den Steg zwischen den beiden Museen wechseln kann.

# 50 Die Guckehürle

*Der ganz private Aussichtsturm*

In vielen Städten, deren mittelalterlicher Kern noch erhalten ist, sind die Häuserfassaden mit einem Erker versehen. Diese Vorbauten sind oft das herausragende Schmuckstück eines Altstadtgebäudes und tragen im Ensemble viel zur Schönheit des historischen Stadtkerns bei. Dabei hatten diese Erker einen durchaus praktischen Nutzen. Man konnte in drei Richtungen das Geschehen draußen verfolgen, ohne seinen Kopf aus dem Fenster hängen zu müssen. Das Treiben auf der Straße zu beobachten und zu kommentieren, war in früheren Zeiten eine beliebte Freizeitbeschäftigung, gab es doch damals kein Fernsehen zur Unterhaltung.

In Ulm ließen die auskragenden Fachwerkhäuser bautechnisch keine Erker zu. Darum fand man eine andere Lösung und setzte auf das Dach ein kleines Türmchen. Die Ulmer nannten es Guckehürle, zusammengesetzt aus dem Wort »gucken« und dem aus dem Bayrischen entliehenen »Hürle«, das so viel wie »kleiner Rauchfang« bedeutete. Von dort konnte man gleich mehrere Straßenzüge ins Visier nehmen, man war über die Ereignisse rund ums Haus bestens informiert. Bei Feuersbrünsten und im Kriegsfall war es leichter, sich einen Überblick über die Lage zu verschaffen. Für längere »Überwachungsperioden« gab es dort oben sogar Stühle.

Der Bau eines solchen Türmchens war im Vergleich zur Anbringung eines Erkers unkompliziert. Man setzte es auf zwei Dachsparrenpaare, versah es mit möglichst vielen Fenstern, ein Satteldach drauf und fertig. Viel mehr Aufwand als beim Bau einer Dachgaupe war nicht erforderlich.

Heute findet man nur noch wenige Guckehürle in Ulm. In früherer Zeit waren diese Ausgucke häufig auf den Dächern der Stadt zu sehen, bis zum großen Bombenangriff am 17. Dezember 1944 (siehe Seite 194) gab es immerhin noch 43 Stück. Das erste Guckehürle ist übrigens in einem Fenster des Ulmer Münsters aus dem Jahr 1430 zu entdecken.

Adresse zum Beispiel Büchsengasse 20, 89073 Ulm | ÖPNV 7 Minuten vom Bahnhof bis zur Büchsengasse | Tipp Das Restaurant »Guckehürle« ist in diesem Haus untergebracht. Sehr beliebtes Speiselokal.

# 51 Die Herdbrücke

*Napoleons schwieriges Erbe*

Schon die beiden Ortsschilder an den beiden Enden der Herdbrücke verraten eine ganze Menge. Unter dem Namen Ulm steht »Universitätsstadt«, unter dem Namen Neu-Ulm »Hochschulstadt«. Ulm ist die ältere der beiden Schwestern, die größere und bedeutendere, Neu-Ulm ist die kleinere und unbekümmertere.

Dabei waren sie vor gut 200 Jahren noch eine gemeinsame Stadt. Es war Napoleon Bonaparte, der die beiden mit einem Federstrich trennte. Im Vertrag von Compiègne 1810 wurde das nördlich der Donau gelegene Ulm Württemberg zugesprochen, das Gebiet südlich der Donau kam zu Bayern. Man muss Napoleon zugutehalten, dass er damals keine zusammenhängende Stadt in der Mitte zerrissen hat, denn der Süden von Ulm bestand zu dieser Zeit aus dem kleinen Dorf Offenhausen, ein paar Wirtshäusern, Handwerksbetrieben an der Donau und Festungsanlagen. Im Laufe der Zeit entwickelte sich Neu-Ulm nahezu unauffällig zu einem Mittelzentrum, das als Kreisstadt verwaltungs- und geschäftsmäßig in der Region den Ton angab. Nachdem die Stadt im Zweiten Weltkrieg fast völlig zerstört worden war, wurde sie eher schlecht als recht wiederaufgebaut, was dazu führte, dass man Neu-Ulm gern als das hässliche Entlein betitelte, das ganz verschämt neben dem schönen Schwan namens Ulm herschwimmt.

Jetzt ist Schluss mit dem Entlein! Seit etwa 15 Jahren ist am südlichen Donauufer ein Bauboom ausgebrochen, nachdem der Bahnhof von 16 auf 4 Gleise reduziert und teilweise unter die Erde verlegt wurde. Dadurch entstanden 180.000 Quadratmeter Baufläche, die für große und mutige Architektur zur Verfügung standen und noch stehen.

Ulmer und Neu-Ulmer leben trotz aller Gegensätze in einer guten Partnerschaft. Stadtwerke, Verkehrsbetriebe und Tourismusbüro ziehen an einem Strang, etliche Vereine gehen gemeinsame Wege. Die Herdbrücke ist das sichtbare Bindeglied dieser beiden höchst unterschiedlichen Städte.

Adresse 89231 Neu-Ulm (Bayern), 89073 Ulm (Baden-Württemberg) | ÖPNV in 12 Minuten vom Bahnhof aus zu erreichen | Tipp Diesseits und jenseits der Herdbrücke pulsiert das Leben. Hier gibt es für jeden Geschmack das passende Restaurant.

# 52 Der Hildegardbrunnen

*Vom kurzen Leben der dritten Frau Karls des Großen*

Mit Liebe hatten Ehen unter Adligen sehr selten etwas zu tun. Das war auch so, als Hildegard im Jahre 771 Gattin des Frankenkönigs Karl wurde. Karl, den der Papst im Jahre 800 zum Kaiser krönte und der den Beinamen der Große erhielt, hatte zuvor seine zweite Ehefrau verstoßen. Er heiratete das sehr junge Mädchen aus dem alemannischen Hochadel, um im Zwist mit seinem Bruder mehr Einfluss bei den Alemannen zu erlangen. Nebenbei brachte Hildegard eine ordentliche Mitgift, zu der auch Ulm gehörte, mit in die Ehe.

Hildegard soll eine schöne Frau gewesen sein. Der langobardische Geschichtsschreiber Paulus Diaconicus nennt sie den Inbegriff an Schönheit, Weisheit und Tugend. Allerdings ist dieses Lob mit Vorsicht zu genießen, Geschichtsschreiber schmeichelten sich gern beim Kaiser ein.

So ein Kaiser war im Mittelalter fast immer unterwegs, es galt schließlich, ein Riesenreich zu verwalten, Recht zu sprechen und Widersacher, deren es viele gab, in Schach zu halten. Karl der Große führte dazu etliche Kriege, sein Reich wuchs und wuchs. Im Gegensatz zu anderen Herrschergemahlinnen begleitete Hildegard ihren Karl sehr oft auf seinen Reisen, erlebte auch einige Schlachten. Anders wäre es auch nicht möglich gewesen, fast dauernd schwanger zu sein und in zwölf Jahren neun Kinder zu bekommen. Trotzdem hatte sie noch Zeit, wohltätig zu sein. Das Kloster Kempten stattete sie großzügig mit Gütern aus und brachte aus Italien zusätzlich die Reliquien von zwei Märtyrern mit. Als Dank dafür wird sie in Kempten noch heute fast wie eine Heilige verehrt.

Hildegard starb schon im Alter von 25 Jahren nach der Geburt ihres neunten Kindes. Ulm würdigt sie seit 1591 mit einem von Claus Bauhofer geschaffenen Brunnen. Er steht frisch renoviert im Innenhof des »Neuen Baus«, dort, wo Kaiser und Könige früher gern verweilten und Hof hielten.

**Adresse** Neuer Bau, Münsterplatz 47, 89073 Ulm | **ÖPNV** 8 Minuten vom Bahnhof entfernt | **Tipp** Mittwoch und Samstag ist auf dem Münsterplatz Wochenmarkt. Wer kein Gemüse, kein Obst und keine Blumen braucht, kauft sich eine Marktwurst und betrachtet nebenher die Hildegard im Hof des Neuen Baus.

# 53 Der Hospizgarten

*Ulms besinnlichster Ort*

Man muss ihn nicht gesehen haben, den Garten, der zum Hospiz in der Lichtensteinstraße gehört, wenn auch der Titel dieses Buches es so formuliert. Doch gehört das Hospiz auf dem Michelsberg genauso zu den Besonderheiten der Stadt wie das Münster oder das »Nabade«. Es schlägt keine Rekorde bezüglich Höhe und Bauzeit. Dafür ist es hier rekordverdächtig still und meditativ. Niemand geht freiwillig in das Hospiz, denn wer sich dorthin begibt, hat den Tod sehr nahe vor Augen. Entweder ist man selbst betroffen, oder man hat einen Angehörigen, den es die letzten Tage seines Lebens zu begleiten gilt.

Diese Zeit des Abschieds vom eigenen Leben oder von dem Leben eines geliebten Menschen ist eine schwere und intensive Lebensphase. Plötzlich werden vermeintlich wichtige Dinge vollkommen unwichtig. Man hat die Chance, allen Ballast loszulassen und mit sich und seiner Umgebung ins Reine zu kommen. Manche entdecken in den letzten Stunden ihren längst vergessenen Glauben wieder, manche können erst sterben, wenn sie ihre innere Ruhe gefunden haben.

Um zu sich selbst zu kommen, Abschied vom Leben zu nehmen, die innere Ruhe zu finden, braucht es einen besonderen Ort. Und da gibt es keinen geeigneteren als den Garten, der sich Richtung Süden an das Hospizgebäude anschließt. Hohe Bäume schenken im Herbst mit ihrem Laub dem Sterbenden noch mal die ganze Farbenpracht des Lebens, Rosenbeete zeigen sich selbst Ende Oktober noch von ihrer schönsten Seite. Mehrere Bänke bieten Gelegenheit zum Ausruhen oder auch zu intensivem Gedankenaustausch.

In der Mitte des Brunnens steht ein Pelikan, eines der bekanntesten Symbole für Jesus in der christlichen Kunst als Sinnbild für Aufopferung und Fürsorge. Er möchte auch an die vielen Menschen in Ulm erinnern, die über Jahrhunderte und bis heute ihr Leben der Pflege und Betreuung bedürftiger, kranker und sterbender Mitmenschen gewidmet haben.

Adresse Lichtensteinstraße 14/2, 89075 Ulm | ÖPNV Linie 7, Haltestelle Schillerhöhe | Öffnungszeiten Der Garten sollte nur von außen betrachtet werden. Bitte beachten Sie die besondere Stille des Ortes. | Tipp Den Michelsberg sollte man vollends hochgehen. Oben liegen die Wilhelmsburg am Festungsweg und ein Aussichtsturm mit herrlichem Rundblick.

# 54 Die Hundsbrunzer

*Mittelalterliche Verkehrsleitsysteme*

Ulm um 1500. Die Stadt steht auf dem Höhepunkt ihrer Macht. Reges Treiben herrscht in den engen Straßen und Gassen. Handwerker üben ihre Kunst im Freien aus, Kinder spielen Fangen, auf Handkarren werden Baumaterial und Brennholz transportiert, Schweine, Hühner und Hunde suchen Fressbares zwischen den Pflastersteinen, fahrende Musikanten erfüllen die Gassen mit fröhlicher Musik.

Eine Idylle wäre das, doch Ulm ist Wirtschaftszentrum und eine der größten Städte im Kaiserreich. Sie verdankt ihren Reichtum hauptsächlich dem Tuch- und Weinhandel, die Kaufleute haben ihre Niederlassungen in ganz Europa. Darum ist Ulm auch ein Verkehrsknotenpunkt. Täglich erreichen und verlassen Handelszüge mit tonnenschweren Fuhrwerken die Stadt. Hinzu passieren Reisende jeglichen Standes zu Pferd das Stadttor und nehmen Quartier in einem der vielen Gasthäuser der Innenstadt. Ulm ist damals wie heute ein Erlebnis. Doch Ulm bekommt durch den zusätzlichen Verkehr auch Probleme. Vorwiegend junge Reiter preschen im Galopp rücksichtslos durch die schmalen Straßen und verursachen schwere Unfälle. Die Fuhrleute hingegen haben größte Mühe, ihre riesigen Planwagen durch die Gassen zu bugsieren. Oft genug bleiben sie an Häuserecken hängen und beschädigen die tragenden Eckpfeiler. Wirksame Abhilfe bringen abgerundete, nach unten breiter werdende Steine. Eine simple, aber wirkungsvolle Einrichtung, denn die Wagenräder werden so nur abgedrängt, erleiden aber selbst keinen Schaden.

Um die rücksichtslosen Reiter zu bremsen, zieht man zwischen zwei Häusern eine Kette, die an Gassenhaken aufgehängt wurde. Mancher Rowdy zu Ross macht damit eine schmerzhafte Erfahrung.

Wenige Gassenhaken sind heute noch zu entdecken, haben aber längst ausgedient. Die Radabweiser werden nur noch von Hunden benutzt, um den Urin loszuwerden und Duftmarken zu setzen. Daher der Name Hundsbrunzer.

**Adresse** Hundsbrunzer gibt es im Fischerviertel etliche zu entdecken, zum Beispiel neben dem »Schiefen Haus«, 89073 Ulm. (Einen Gassenhaken findet man auf der Rückseite des Gebäudes Weinhof 14.) | **ÖPNV** in 8 Minuten vom Bahnhof aus zu erreichen | **Tipp** Wenn man schon im Fischerviertel ist, dann kommt man um eine Einkehr in einem der vielen guten Restaurants nicht drum rum.

# 55 Der Karajan-Platz

*Jeder fängt mal klein an*

Was mag einem im Kopf herumgehen, wenn man morgens in einer Stadt, in der man noch nie war, aus dem Hotelfenster schaut und entdeckt, dass der Platz den Namen des eigenen Vaters trägt? Arabel Karajan, der zweiten Tochter des Jahrhundertdirigenten Herbert von Karajan, erging es so, als sie 2010 aus Anlass des Donaufests im »Ibis« übernachtete. Sie erinnerte sich plötzlich, ja, ihr Vater hatte ganz am Anfang seiner Laufbahn fünf Jahre in Ulm dirigiert. Das Theater, in dem Herbert von Karajan mit gerade mal 20 Jahren seine Dirigentenkarriere begann, stand damals in der Theatergasse östlich der Frauenstraße. Nach seiner Zerstörung im Krieg wurde es neu und modern am heutigen Standort wiederaufgebaut.

Sie war eine Herausforderung für Dirigent und Orchester, die damalige Arbeit im Stadttheater. Der blutjunge, aber selbstbewusste Kapellmeister forderte schon mit seiner ersten Aufführung, »Figaros Hochzeit«, die Musiker bis an ihre Grenzen, besonders bei den Tempi, wodurch er sich den Unmut des Orchesters zuzog. Karajan gab nicht nach. Ihm war bewusst, dass er ohne Ehrgeiz und Durchsetzungsvermögen keine Chance in seinem Beruf hatte. Sein phänomenales Gedächtnis ermöglichte es ihm, auswendig zu dirigieren. Das wirkte auf manche Besucher arrogant, intensivierte aber die Beziehung zur aufgeführten Musik sowohl bei den Musikern als auch bei den Zuhörern.

Warum der Vertrag nach fünf Jahren nicht verlängert wurde, ist unbekannt. Fühlten sich die Musiker von dem forschen jungen Mann überfordert, oder war Karajan mit der Qualität des Orchesters unzufrieden? Man weiß es nicht genau.

Er fand sofort eine Anstellung in Aachen, wurde nach kurzer Zeit dort Generalmusikdirektor, nur eine weitere Stufe auf seiner Karriereleiter, die ihn letztendlich zu einem der großen, wenn nicht sogar zum berühmtesten Dirigenten des 20. Jahrhunderts machte.

Adresse Herbert-von-Karajan-Platz, 89073 Ulm | ÖPNV direkt vor dem Theater Ulm, in 5 Minuten vom Bahnhof aus erreichbar | Tipp Im Theater Ulm ein klassisches Konzert oder eine Oper besuchen, Augen machen und sich vorstellen, Karajan stünde am Dirigentenpult.

# 56 Das Kasperletheater

*Lernen durch die Hintertür*

Was ist bloß dran, an diesem Kasperle? Seit Generationen fasziniert diese Handspielfigur die Kinder. Antwort: Einerseits sind es die Inhalte der Stücke, die dem kindlichen Wesen punktgenau entgegenkommen, andererseits verzaubert diese Theaterform die kleineren und größeren Zuschauer in einer Weise, dass man beinahe von Hexerei sprechen kann.

Im Jahre 2001 unternahmen die beiden professionellen Schauspielerinnen und Regisseurinnen Sabine Dröll und Heike Gruber einen mutigen Schritt und gründeten das kleine Schauspielhaus mit 60 Sitzplätzen in der Büchsengasse. Die Mühen des Anfangs haben sich gelohnt. Mittlerweile ist das »erste Ulmer Kasperletheater« eine feste Institution geworden, die sowohl Kinder als auch Erwachsene in wohltuender Atmosphäre fast täglich in ihren Bann zieht.

Nun ordnet man Kasperletheater gern in das Genre der Märchen ein. Für einige der Titel mag das zutreffen, doch viele Stücke beschäftigen sich mit speziellen Ulmer Themen oder haben einen erzieherischen Hintergrund. Im »Kasperle und das Geheimnis von Ulm« lernen die Kinder die Besonderheiten ihrer Heimatstadt kennen, in »Kasperles Flugwettbewerb« lebt die Erinnerung an Berblingers Flugversuch auf (siehe Seite 82). Es kommt dabei gleich zu einer ganzen Reihe von Bruchlandungen. Wenn das Ulmer Kasperletheater auf Reisen geht und Schulen und Kindergärten besucht, hat es erzieherische Schwerpunktthemen im Gepäck. Die Kinder gehen dann mit ihrem Freund Kasperle in die Oper oder erlernen in einem Ökostück den richtigen Umgang mit ihrer Umwelt. Wenn »Kasperle auf Schlemmerreise« geht, erfahren die Kleinen viel Wissenswertes über gesundes Essen und Trinken. Den Förderpreis des Landes Baden-Württemberg erhielt die Einrichtung für ihr Verkehrspräventionsstück »Kasperle und das Verkehrszebra«. Wahrhaftig eine verdiente Auszeichnung für ein Schmuckstück der Ulmer Theaterszene.

Adresse erstes Ulmer Kasperletheater, Büchsengasse 3, 89073 Ulm, www.kasperletheaterulm.de | ÖPNV vom Bahnhof aus 8 Gehminuten, vom Münster bis zur Büchsengasse sind es nur 3 Minuten | Öffnungszeiten Spielplan bitte der Homepage entnehmen | Tipp Gleich um die Ecke beginnt der Frauengraben und in Verlängerung der Seelengraben mit seinen schmucken Soldatenhäuschen.

# 57_Die Kepler-Tafeln

*Das letzte große Werk des berühmten Astronomen*

Es gibt nicht allzu viele Menschen, die etwas mit dem Begriff »Rudolfinische Tafeln« anfangen können, es sei denn, sie sind oder waren Schüler des Ulmer Kepler-Gymnasiums und mussten sich zwangsläufig einmal mit dem Namensgeber ihrer Schule auseinandersetzen. Die als »Tafeln« bezeichneten Schriftstücke sind das Hauptwerk des Mathematikers und Astronomen Johannes Kepler, der in den Jahren 1626 und 1627 in Ulm wohnte.

Ab dem Jahre 1600 hatte er sich mit der Berechnung der Planetenbewegungen beschäftigt. Die Ergebnisse hielt er in Tafeln fest und nannte sie nach seinem Auftraggeber »Rudolfinische Tafeln«. Dabei stützte er sich auf die Beobachtungen und Aufzeichnungen seines Lehrmeisters Tycho Brahe, dem er 1601 im Amt des Hofmathematikers im Dienste des Kaisers Rudolf II. folgte. Dieses Amt hatte er bis 1612 inne, dann musste er aus Glaubensgründen nach Linz ausweichen. Die Fertigstellung der »Rudolfinischen Tafeln« verzögerte sich bis in das Jahr 1627, nachdem die Druckerei, die dieses Werk herausbringen sollte, abgebrannt war. Erst eine Umsiedlung nach Ulm im Jahre 1626 ermöglichte den Druck im folgenden Jahr. Keplers Werk war bahnbrechend, denn jetzt konnte man den Lauf der Planeten äußerst präzise berechnen, es war noch bis ins späte 18. Jahrhundert das Standardlehrwerk aller Astronomen.

Die Ulmer Stadtoberen erkannten schnell, was für ein Gelehrter in ihren Mauern wohnte. Sie baten ihn, ein einheitliches Urmaß herzustellen, das den leidigen Streit um verlässliche Gewichts- und Maßeinheiten beenden sollte. Kepler erfand dazu einen Kessel, in dem alle fünf Maß- und Gewichtseinheiten der damaligen Zeit ablesbar und kontrollierbar waren. Den Kepler-Kessel benutzten die Ulmer noch lange Zeit, um kleinere Eichgefäße für den täglichen Gebrauch zu kontrollieren. Kepler setzte sich damit in Ulm selbst ein bleibendes Denkmal.

**Adresse** am Südgiebel des Rathauses und in der Rabengasse 4 gegenüber dem nördlichen Münster erinnern Inschriften an den großen Astronomen, 89073 Ulm | **ÖPNV** 6 Gehminuten vom Bahnhof | **Tipp** Der Keppler-Kessel kann heute im Ulmer-Museum, Marktplatz 9, in der stadtgeschichtlichen Abteilung besichtigt werden. Auf dem Gelände des Kepler-Gymnasiums Karl-Schefold-Straße 16 steht eine vergrößerte Version des Kessels, die sogar als Staffage für Klassenfotos taugt. Kepler-Kessel nennt sich auch die Schülerzeitung des Kepler-Gymnasiums, für Insider sehr informativ.

# 58 Der Kinderpark

*Endlich in Ruhe einkaufen dürfen*

Kennen Sie das, liebe Mütter? Da entdeckt man morgens in der Zeitung, dass heute in der Innenstadt die Hosen der Lieblingsmarke zu einem unschlagbaren Preis angeboten werden. Schnurstracks packt man den Kleinen in den Kinderwagen und marschiert strammen Schrittes in die City. Und tatsächlich: Am Sonderverkaufsständer hängen die Hosen reihenweise, in allen Größen und Farben. Selbst in Größe 36 gibt es eine Riesenauswahl. Ein paar Hosen, die passen könnten, über den Arm gelegt und ab in die Umkleide! Was für ein schöner Tag! Doch kaum ist der Vorhang zu, da durchdringt ein markerschütternder Schrei die morgendliche Stille des Kaufhauses. »Maaaamaaaaaa!« Der Kleine hat seine geliebte Mutter aus den Augen verloren und sitzt mit hochrotem Kopf und schmerzverzerrtem Gesicht in seinem Wägelchen. Gefühlte 100 weibliche Augenpaare starren auf die vermeintliche Rabenmutter. Da gibt es nur eins: Hosen zurück, den Kinderwagen nehmen und schnell das Kaufhaus wieder verlassen. Zu Hause macht sich der Frust breit, und die Freude an dem kleinen, süßen Zwerg ist vorübergehend getrübt.

Liebe Mütter, das muss nicht sein! In Ulm gibt es den Kinderpark, direkt in der City. Dort können Sie Ihren Nachwuchs zwischen ein und acht Jahren für ein paar Stunden abgeben. Gegen ein geringes Entgelt wird er professionell betreut, hat Kontakt mit anderen Kindern und viele Spielmöglichkeiten. Nach gelungenem, entspanntem Einkauf und einer Einkehr in einem der hübschen Cafés in der Innenstadt können Sie Ihr Kind wieder abholen. Nachwuchs und Eltern freuen sich danach genauso wie die Geschäfte, denn entspannte Kunden kaufen lieber als gestresste. Das ist eine alte Weisheit.

Auch im Notfall oder bei einem Arztbesuch bietet sich diese Einrichtung an. Für Kindergeburtstage kann man sich hier Räume mieten, falls die eigene Wohnung zum Feiern zu klein ist.

Adresse Kinderpark e. V., Ulmergasse 9, 89073 Ulm, Tel. 0731/61317 | ÖPNV 5 Gehminuten vom Bahnhof, ziemlich genau in der Mitte der Fußgängerzone | Öffnungszeiten Mo–Do 9–18 Uhr, Fr, Sa 9–19 Uhr | Tipp Wenn man seine Kleinen nach erfolgreichem Einkauf wieder im Kinderpark abgeholt hat, kann man zum Beispiel noch in die Lautengasse und dort den Enten zuschauen.

# 59 Der knallrote Beichtstuhl

*Bunt, bunter, Georgskirche*

Über die Gründe, warum der Maler die Beichtstühle in St. Georg feuerrot streichen musste, lässt sich lange diskutieren. Die erste Erklärung könnte lauten: Die rote Farbe soll an das Fegefeuer erinnern, welches einem droht, wenn man nicht alle Sünden beichtet. Einer anderen Variante zufolge könnte das intensive Rot auf das Blut hinweisen, welches Christus vergossen hat, um die Menschen von ihrer Sündenlast zu befreien. Man mag aber auch mutmaßen, dass so der rote Kopf weniger auffällt, wenn der arme Sünder über seine Verfehlungen beim sechsten Gebot berichtet.

Es gibt allerdings eine einfache Erklärung: Die rote Farbe gehört zum Farbkonzept der Innenrenovation. Wände und Möblierung sind bewusst in leuchtenden, aber nicht aufdringlichen Farben gehalten.

Die 1904 eingeweihte Kirche ist heute eines der wenigen neugotischen Gotteshäuser, die noch in ihrem ursprünglichen Zustand erhalten und als Baudenkmal von besonderer Bedeutung eingetragen sind. St. Georg wurde als katholische Garnisonskirche erbaut. Damals war es für die Soldaten noch selbstverständlich, am Sonntagmorgen den Gottesdienst zu besuchen. Und so füllten Anfang des 20. Jahrhunderts die katholischen Soldaten die Kirche vermutlich bis zum letzten Platz. Dabei genossen sie die farbenfrohe Wandgestaltung, die im krassen Gegensatz zu dem allgegenwärtigen Grau in der Kaserne stand. Zudem war es auch eine Erholung von dem alltäglichen Drill und dann, in Kriegszeiten, ein willkommener Ort für ein Stoßgebet.

Die Kirche ist auch heute noch ein angenehmer, sehr freundlicher Ort der Besinnung, eine Möglichkeit, dem Alltag für einen kleinen Moment zu entfliehen. Falls dann das Bedürfnis besteht, eine Beichte abzulegen, gibt es einen würdigen Gesprächsraum. Die knallroten Beichtstühle haben ausgedient, stehen aber als wichtiges Detail der Originalmöblierung unter strengem Denkmalschutz.

Adresse Beethovenstraße 1, 89073 Ulm | ÖPNV Straßenbahn Linie 1, Haltestelle Willi-Brandt-Platz, zu Fuß ist man vom Bahnhof in 10 Minuten an der Kirche | Öffnungszeiten Mo–Fr 9–18 Uhr, Sa 9–16 Uhr, So und Feiertag 11–15 Uhr | Tipp Auf der anderen Seite des Friedhofs steht die Pauluskirche, die ehemalige evangelische Garnisonskirche mit einer ebenfalls bemerkenswerten Architektur.

# 60_Der Lego-Stammtisch

*Klötzlebauer unter sich*

Böse Frauenzungen behaupten, Männer würden nie erwachsen, nur ihre Spielzeuge würden teurer. Auch als Mann muss man zugeben, dass in diesem Spruch eine Menge Wahrheit steckt. Und eine Gruppe von Männern in Ulm gesteht sogar unumwunden ein, dass sie auch in fortgeschrittenem Alter nicht aufgehört hat, mit Legosteinen zu bauen.

Nun ja, manch eine Ehefrau erschaudert bei dem Gedanken, einen Mann zu haben, der seine ganze Freizeit damit verbringt, im Keller Legosteine aufeinanderzusetzen. Dann doch lieber ein Sonntagsausflug auf dem Beifahrersitz eines vom Gatten liebevoll renovierten Porsche-Oldtimercabrios. Doch wenn ein sichtlich zufriedener, ja, strahlender Klötzlebauer-Ehemann von seinem Klötzlebauer-Stammtisch heimkehrt, ist auch die Gattin zufrieden. Schließlich betreiben die Legobauer ihr Hobby mit großem Ernst und Fleiß. Auf ihren regelmäßigen abendlichen Treffs diskutieren sie über die neuesten Ergebnisse ihrer Baukunst, tauschen untereinander Steine aus und bereiten ihre nächste Lego-Ausstellung vor.

Und diese Ausstellungen haben es in sich! Wenn wie im Jahre 2015 selbst das Landesmuseum Bad Schussenried Hunderte von Quadratmetern Ausstellungsfläche den aus den kleinen Steinchen entstandenen monumentalen Konstruktionen widmet, strömen die Besuchermassen herbei. Vor allem sind dann Zielgruppen dabei, die sonst nicht so leicht den Weg in die ehrwürdigen Museen finden, nämlich Familien mit Kindern. Und diese kommen aus dem Staunen nicht mehr heraus, ist es doch ein Bereich, in dem die Kleinen auch schon ein wenig Experte sind. Umso mehr bewundern sie die Ergebnisse der älteren Herren, und nicht selten kommt es zu intensivem fachlichen Erfahrungsaustausch zwischen Jung- und Altprofis in Sachen Lego.

Die wichtigste Erkenntnis formulierte so ein kleiner Knirps beim Verlassen der Ausstellung: »Mit Lego kann man ja tatsächlich auch etwas Eigenes bauen.«

Adresse Der regelmäßige Stammtisch findet monatlich im Fischerheim, Am Sandhaken 25, 89079 Ulm statt. | ÖPNV Buslinie 8 Donautal, Haltestelle Fa. Seeberger, entlang der Hans-Lorenser-Straße, Wiblinger Allee überqueren, dann noch mal einige hundert Meter »Am Sandhaken« bis zum Fischerheim | Anfahrt B 30, beim Kleeblatt Wiblinger Ring, dann auf Wiblinger Allee über die Donau. Erste Straße rechts abbiegen. | Öffnungszeiten Gäste sind jederzeit willkommen, genaue Termine auf der Internetseite www.klötzlebauer.de | Tipp Im Ulmer Münster steht ein Nachbau der Kirche aus Legosteinen. Daten: Höhe 2,30 Meter, Gewicht 90 Kilogramm, 112.000 Steine.

# 61_Das »Mayser«-Schild

*Die Erfolgsgeschichte eines kleinen Hutmachers*

Wer in den 1950er Jahren als Mann etwas auf sich hielt, der fuhr einen Mercedes, rauchte Havanna-Zigarren und trug einen Hut von Mayser. Das hätte sich Leonhard Mayser nie träumen lassen, als er am 27. September 1800 seine Hutmacherei in der Sternengasse eröffnete, mitten in den Turbulenzen der Napoleonischen Kriege.

Doch dem Tüchtigen gehört das Glück. Mit seinen handgefertigten Hüten aus Filz machte er sich schnell einen Namen. Er hinterließ seinem Sohn Friedrich eine Hutmanufaktur mit mehreren Filialen in Deutschland. Dieser stellte auf maschinelle Produktion um, und so wurde Mayser 1886 zur größten Hutfabrik Deutschlands. 1918 ging das Unternehmen in den Besitz von Anton Seidl über. Der Firmenname blieb bestehen. In den 20er Jahren verdoppelte Seidl den Umsatz durch Einführung einer Damenhutkollektion. Der Betrieb lief so gut, dass Anfang der 30er Jahre 2.500 Menschen bei Mayser Beschäftigung fanden. Nach dem Zweiten Weltkrieg profitierte die Hutfabrik von dem wirtschaftlichen Aufschwung, im Rekordjahr 1963 stellte man 3,5 Millionen Hüte her. Doch wenige Jahre später wurde das Tragen von Hüten unmodern. Der Umsatz brach drastisch ein, und die Firma war gezwungen, auf andere Felder auszuweichen. Zuerst versuchte man es mit Kopfbedeckungen aus Stoff und mit Strickwaren, stieg dann aber auf Schaumstofftechnik um. Hinzu kamen noch 1973 der Geschäftsbereich Verformungstechnik und 1978 die Sicherheitstechnik. Teile der Produktion wurden nach Lindenberg im Allgäu ausgelagert. 1991 kam die ganze Hutsparte dorthin, seit 2011 werden alle Hüte in der Slowakei hergestellt. Design, Einkauf und Vertrieb blieben weiterhin in Lindenberg.

Ulm ist jetzt Produktionsstandort der Sicherheitstechnik mit den meisten Arbeitsplätzen im Unternehmen Mayser. Kaufen kann man Mayser-Hüte in Ulm aber noch immer: in der Herdbruckerstraße im Hutgeschäft Honold, so wie es das Ladenschild verkündet.

**Adresse** Herdbruckerstraße 24, 89073 Ulm | **ÖPNV** Am unteren Ende des Marktplatzes beginnt die Herdbruckerstraße. Vom Bahnhof aus sind es nur 9 Gehminuten. | **Tipp** Die Herdbruckerstraße gehört zu den beliebtesten Einkaufsstraßen im Zentrum von Ulm, es gibt hier noch einige alteingesessene Geschäfte. Ein Bummel lohnt sich.

# 62 Das Museum der Brotkultur

*Alles rund um das tägliche Brot*

Wer das Brot erfunden hat, weiß niemand. Dass es aber schon Jahrtausende ein wichtiges Lebensmittel ist, das kann man sogar an vielen Stellen in der Bibel nachlesen, besonders in der Jesusgeschichte. Brot ist bis heute ein bedeutendes Nahrungsmittel geblieben, wenn es auch in unserer Überflussgesellschaft an Wertschätzung verloren hat. Es ist erschütternd, wie viel Brot abends in der Biotonne landet, weil es am kommenden Tag nicht mehr verkauft werden darf. Dabei wären 800 Millionen Menschen froh, wenn sie ihren Hunger mit einem Stückchen Brot vom Vortag stillen könnten.

Aus diesem Grund ist die Welternährung ein wichtiges Thema, das im zweiten Obergeschoss des Museums für Brotkultur beleuchtet wird. Die Ausstellung zeigt, dass Hunger nicht nur durch klimatische Unregelmäßigkeiten entsteht, sondern dass der Mensch den Hunger oft selbst verursacht. Der Weg vom Korn zum Brot im Laufe der Geschichte wird im ersten Obergeschoss mit Hilfe von Modellen und Filmen beleuchtet. Das Besondere des Museums ist die Darstellung des Brotes in der Kunst. Max Beckmann, Ernst Barlach, Käthe Kollwitz, Pablo Picasso, Salvador Dali, Man Ray, Joseph Beuys und viele andere haben sich mit dem Thema »Brot« befasst und sind hier ausgestellt.

Doch Brot ist kein Ausstellungsobjekt, sondern tägliche Nahrung. Darum bietet die museumspädagogische Abteilung Kindergärten, Schulklassen, Familien und Erwachsenen die Möglichkeit an, selbst Brot oder andere Köstlichkeiten zu backen. Die Teilnehmer staunen, wie viele Schritte notwendig sind und wie viel Arbeit und Mühe es kostet, bis aus einem Häufchen Korn ein Brot entsteht. Wenn am Ende einer solchen Veranstaltung Kinder und Erwachsene ihr Selbstgebackenes mit Appetit und besonderer Hochachtung verzehren, ist das Herzensanliegen des Museums erfüllt: eine neue Wertschätzung unseres wichtigsten Nahrungsmittels, des Brotes, zu schaffen.

Adresse Salzstadelgasse 10, 89073 Ulm | ÖPNV 8 Gehminuten vom Hauptbahnhof entfernt | Öffnungszeiten täglich 10–17 Uhr, Führungen und Kurse anmelden unter Tel. 0731/69955 | Tipp Im Anschluss an den Museumsbesuch bietet sich ein Spaziergang durch die hübschen alten Gassen mit ihren schönen Geschäften und heimeligen Cafés an, die direkt an das Museum angrenzen.

# 63_Der Nachtclub Aquarium

*Ein heißes Becken für prominente Fische*

Hier, hinter dieser alten Backsteinwand, soll das legendäre »Aquarium« gestanden haben? Es stimmt tatsächlich. In dem Innenhof der Kohlgasse 20 kann man noch unscheinbare Reste des heißesten Partyclubs der Ulmer Geschichte entdecken.

Prominenz wie Curd Jürgens, Udo Jürgens, Nina Hagen und die Band »Deep Purple« tauchten hier gern auf. Freddy Mercury, den Leadsänger von »Queen«, könnte man als Stammgast bezeichnen. Garry Lottermoser und Manfred Zauter, die beiden Betreiber des »Aqarium«, hatten ihn 1985 in München bei seiner Geburtstagsfeier kennengelernt und ihn darauf nach Ulm zu einem Fest eingeladen. Zuerst saß er im Smoking unter den anderen Gästen. Doch plötzlich zog er seine Jacke aus und sprang mit nacktem Oberkörper auf die Bühne, um dort die Partystimmung zum Kochen zu bringen. Eine Geschäftsfrau mokierte sich über den unanständigen Auftritt. Der Popstar kommentierte dies ganz lakonisch mit den Worten: »Du kannst dich ja auch ausziehen. Mich stört das überhaupt nicht.«

Als im Juli 1988 auf Plakaten Michael Jacksons Auftritt im »Aquarium« angekündigt wurde, war die ganze Stadt aus dem Häuschen. Die Vorbereitung lief perfekt: Die Kohlgasse wurde für den Verkehr gesperrt, weiße Teppiche wurden ausgerollt, und Dutzende von Sicherheitsleuten sorgten für die nötige Aufregung. Vor Beginn stiegen Stars der TV-Szene publikumswirksam aus teuren Edelkutschen. Als dann einer schwarzen Limousine ein schmaler Herr mit dunklem Hut entstieg und rasch im Eingang verschwand, war der Jubel groß. Michael Jackson zog drinnen eine halbe Stunde lang eine Show der Superlative ab und verschwand wieder, wie er gekommen war. Mittlerweile weiß man, dass auf der Bühne ein Double stand, und lacht über den gelungenen Gag.

Viele Ulmer wünschen sich das »Aquarium« zurück, doch die beiden Betreiber von damals sind gestorben. Aber die schöne Erinnerung bleibt.

**Adresse** Kohlgasse 20, 89073 Ulm | **ÖPNV** 8 Minuten vom Bahnhof, eine Passage führt zum Innenhof | **Tipp** Im Aquarium gibt es schon lange nichts mehr zu trinken, aber drum herum gibt es Bars, Cafés und Wirtshäuser ohne Ende. Da fällt die Entscheidung schwer, wo man hingeht.

# 64 Das Naturkundliche Bildungszentrum

*Mit allen Sinnen*

»Gibt es hier keinen Lichtschalter, ich sehe ja gar nichts«, jammert eine junge Stimme aus einer Ecke der Tasthöhle. Nein, die Dunkelheit ist Absicht. Sehende sollen einen Eindruck bekommen, wie es Blinden im Alltag ergeht. Das ist für Menschen mit intakten Augen eine ganz neue Erfahrung. Wer die Tasthöhle wieder verlässt, empfindet plötzlich Dankbarkeit für sein funktionierendes Augenlicht, und Blinde erleben sich auf einmal mit ihrem ausgeprägten Tastsinn anderen gegenüber im Vorteil.

Im nächsten Raum kann man seinen Kopf durch eine Trennwand stecken. Dahinter schallt einem Flugzeuglärm, nervendes Kindergeschrei und das Rattern eines Presslufthammers entgegen. Was für ein Krach umgibt uns doch im Alltag! Als Kontrast kann man per Knopfdruck Geräusche aus der Natur erklingen lassen. Wie wohltuend ist das Plätschern einer Quelle, das Zwitschern eines Rotkehlchens und das Röhren eines Hirsches! Und welche Welt bleibt uns verborgen, weil wir sie mit bloßem Auge kaum entdecken können? Ein Mikroskop hilft uns, ein Stückchen in die Welt des Mikrokosmos vorzudringen. Gut aufbereitete Präparate bringen Große wie Kleine im Museum zum Staunen. Aber haben wir in Ulm die Natur nicht vor unserer Haustür? Ein großer Raum der Ausstellung ist der Tierwelt des Naturschutzgebiets Lichternsee und Gronne gewidmet. Beeindruckend hier vor allem der riesige Wels, der zu den einheimischen Fischen gehört.

Museumsleiter Dr. Jankov und seine Mitarbeiter versäumen es nicht, von den Sinnen auf den Sinn des Lebens zu kommen. Ein interaktives »Schaufenster« macht den Besucher sensibel für die Welt um sich herum, ein weiteres »Schaufenster« zeigt Möglichkeiten, mit dieser Welt wertschätzend umzugehen. Dieses Museum macht Sinn. Im wahrsten Sinne des Wortes.

Adresse Kornhausgasse 3, 89073 Ulm | ÖPNV nur wenige Meter von der Ostseite des Münsters entfernt | Öffnungszeiten Di–Fr 10–16 Uhr, Sa, So 11–17 Uhr | Tipp Gegenüber ist die Crêperie Kornhäusle, Kornhausgasse 8, mit leckeren naturbelassenen Speisen, Spezialität ist Lamm von der Alb.

# 65 Der Neue Bau

*Hier flossen Blut und Wein in Strömen*

Es war der 5. Juni 1311. Schon länger brodelte es zwischen den Handwerkern und den die Stadt regierenden Patriziern. Aus Anlass des Eidschwurs auf den Bürgermeister beanspruchten die Vertreter der Zünfte mehr Rechte für sich. Doch es kam anders. Der Bürgermeister lockte die Zunftmeister im Strölinhof, dem Vorgängergebäude des Neuen Baus, in eine Falle und ließ sie alle ermorden. Der Chronist Fabri berichtet etwa 150 Jahre später über diese Tat: »Das Blut floss den Weinhof hinunter in die Blau und färbte den Fluss rot.«

Ob es sich tatsächlich so zugetragen hat, ist nicht aktenkundig, aber auch nicht auszuschließen. Diese Zunfträte könnte man als Märtyrer für die Bürgerrechte Ulms bezeichnen, denn die Zünfte kamen letztendlich zu ihrem Recht, und heutzutage schwört der Oberbürgermeister den Ulmern jedes Jahr einmal, ihnen »ein gemeiner Mann zu sein«.

Der Strölinhof war eine Burg mit dicken Mauern, die im Besitz der Patrizierfamilie Strölin war; mit einem gesonderten Teil für den Kaiser. Hier hielt er Hof, wenn er sich in Ulm aufhielt und die Huldigung der Bürger entgegennahm. Das war für die Ulmer sicherlich jedes Mal ein Fest, bei dem der Wein in Strömen floss.

An der Stelle des alten Strölinhofs erbauten die Ulmer am Ende des 16. Jahrhunderts einen »neuen Bau«, der als Korn-, Salz-, Wein- und Waffenlager diente. Im Gebäude befand sich außerdem ein großer Renaissancesaal zum Abhalten von Versammlungen. Der Name »Neuer Bau« blieb dem Gebäude bis heute erhalten. In den vier Jahrhunderten seines Bestehens wurde er für unterschiedlichste Zwecke verwendet. Mal diente er als Kaserne, mal als Archiv, mal als Gefängnis. Das Königliche Hauptzollamt und das Kameralamt fanden hier zu gewissen Zeiten ihren Platz. Während der NS-Zeit war der »Neue Bau« Hauptquartier der Gestapo. Heute ist hier das Polizeipräsidium untergebracht.

Adresse Münsterplatz 47, 89073 Ulm | ÖPNV 7 Minuten zu Fuß vom Bahnhof | Öffnungszeiten nur von außen zu besichtigen, außer Sie gehen gern zur Polizei | Tipp In unmittelbarer Nachbarschaft steht das von Stararchitekt Meyer erbaute Stadthaus mit Tourismusbüro, einem schicken Café und vielen Ausstellungen.

# 66_Das Paradiesgässle

*Wo Männer ihre Freude hatten*

Mit Prostitution ging man im Mittelalter recht liberal um. Sie wurde ganz offiziell in Frauenhäusern betrieben, legitimiert und organisiert vom Rat der Stadt, geduldet von der Kirche. Solche Häuser machten Sinn, denn es gab viele Männer in der Stadt, die aufgrund ihres sozialen Status und ihres geringen Einkommens keine Ehe führen durften. Durch den Betrieb der Frauenhäuser verringerten sich die sexuellen Übergriffe auf Frauen in der Stadt deutlich.

In Ulm gab es gleich drei dieser Freuden- beziehungsweise Frauenhäuser: in der Sterngasse, am Saumarkt und in der Paradiesgasse – ziemlich viele im Verhältnis zur Einwohnerzahl. Das war aber nötig, denn in der Stadt hielten sich viele Durchreisende jeden Standes auf, die ein Ventil für ihre männlichen Bedürfnisse suchten. Ein allzu teures Vergnügen war es damals nicht. Zwei Pfennig, so viel wie ein Pfund Rindfleisch, kostete das Schäferstündchen, fünf Pfennig kostete eine ganze Nacht.

Als Pächter dieser Häuser fungierten oft die Scharfrichter. Die Vermutung, dass diese Herren, die selbst außerhalb der Gesellschaft lebten, mit den Berufsdirnen nicht liebevoll umgingen, kann man nur bestätigen. So durften die damals als Hübschlerinnen bezeichneten Prostituierten nur die Kleider tragen, die der Wirt ihnen für teures Geld verkaufte.

Zudem durften sie sich nur im Frauenhaus verköstigen, der Hausherr verlangte von ihnen dafür Wucherpreise. Schnell waren sie beim Wirt hoch verschuldet und dadurch seiner Willkür ausgesetzt. Aufmüpfige Damen wurden gern mit dem Ochsenziemer zur Räson gebracht.

Diese Abhängigkeit der Prostituierten von ihren »Betreuern«, heute Zuhälter genannt, hat sich leider im Laufe der Jahrhunderte kaum verändert. Für die Männer war der Name Paradiesgässle vielleicht zutreffend, für die dort tätigen Frauen war es meistens das Gegenteil vom Paradies, nämlich die Hölle.

**Adresse** Paradiesgasse, 89073 Ulm | **ÖPNV** Die Paradiesgasse beginnt direkt an der Ostseite des Münsters, 7 Gehminuten vom Bahnhof. | **Tipp** Um die Ecke gibt es in der Kramgasse 4 den sogenannten Schuhhaussaal, der vom Kunstverein Ulm als Kunstgalerie benutzt wird.

# 67_Das Parkhaus am Rathaus

*Schöner parken*

Von Parkhäusern verlangt man nicht unbedingt, dass sie schön sind. Dagegen hofft man, ohne allzu große Verrenkungen bei der Einfahrt an den Parkzettel zu gelangen. Weiterhin wünscht man sich großzügig bemessene Verkehrswege, die einen berührungsfrei um die Ecken kurven lassen. Und natürlich sollten die Parkbuchten so breit sein, dass man auf artistische Einlagen beim Ein- und Aussteigen verzichten kann. Solcherlei Vorzüge liebt der gemeine Autofahrer und Tiefgaragenbenutzer, besondere Ästhetik ist Nebensache.

Das Parkhaus am Rathaus bildet, was die Optik betrifft, eine seltene Ausnahme. Die gern von Superlativen redenden Ulmer bezeichnen dieses Parkhaus als eines der schönsten, wenn nicht sogar das allerschönste in Deutschland. Schon der »rote Teppich«, der den Besuchern den Weg zu den Parkplätzen weist, lässt Außergewöhnliches erwarten. Gleich neben dem Haupteingang signalisieren Steinquader: Hier gibt's Geschichte! Schließlich fand man beim Bau des Parkhauses Reste eines Patrizierhauses aus dem 13. Jahrhundert. In Vitrinen kann man die bei den Ausgrabungen gefundenen Kostbarkeiten bewundern. Ein Parkhaus als Museum? Bitte schön! Ergänzend geben großformatige Fotografien einen Vorgeschmack auf die Schönheit der über ihnen liegenden Stadt.

Beim Bau der Tiefgarage ging man einen sehr bürgerfreundlichen Weg. Schautafeln berichteten ausführlich über die Fortschritte und historischen Entdeckungen. Auf einer Aussichtsplattform konnten Neugierige die Archäologen bei ihrer Arbeit beobachten. Bei aller Kunst und Archäologie dachten die Architekten aber auch an die Autofahrer. Das Parkhaus ist sehr übersichtlich, man findet schnell seinen Pkw wieder, auch dank der guten Ausleuchtung.

Kein Wunder, dass die Architekten für ihr Werk gleich drei der renommiertesten deutschen Architekturpreise erhielten. Wenn das kein Superlativ ist!

Adresse Neue Straße, 89073 Ulm | Anfahrt Der Eingang liegt direkt neben dem Rathaus, zu Fuß nur 6 Minuten vom Bahnhof entfernt. | Öffnungszeiten täglich rund um die Uhr | Tipp Wenn man die Neue Straße Richtung Norden geht, kommt man zu den ältesten Gebäuden der Stadt, dem Steinhaus und der Nikolauskapelle.

# 68 Der Pedaleur

*Fahrrad nach Maß*

Oliver Schwind näht zwar keine Maßkleidung, aber er baut in der Rabengasse Fahrräder nach Wunsch, die zum Kunden passen wie der Maßanzug eines Haute Couturiers.

Die Vorgehensweise bei der Entstehung eines persönlichen Fahrrads ist durchaus mit der Anfertigung eines Anzugs beim Schneider zu vergleichen. Zuerst wird Maß genommen, denn der Rahmen muss zu der Größe und den Proportionen des Käufers passen, so wie der Schnitt zum zukünftigen Träger des Anzugs. Während der Kunde beim Schneider sich über die Qualität und die Farbe des Stoffes Gedanken macht, stellt sich für den Fahrradkäufer die wichtige Frage nach dem Material und der Farbe des Rahmens. Im Hinblick auf die Farbgestaltung sind die Möglichkeiten hier fast grenzenlos, mehr als 200 Varianten sind im Angebot. Nach dem Maßnehmen, der Wahl von Schnitt und Stoff, muss man mit dem Schneider nur noch über Details wie Knöpfe oder Taschen sprechen. Beim Pedaleur beginnen jetzt erst die großen Entscheidungen. 30 Gänge sind für den Antrieb möglich, und wem am Berg allzu schnell die Puste ausgeht, kann auch noch die elektrische Trethilfe von Bosch bestellen. Ob Rücktrittbremse oder Freilauf, schnittige Renn- oder voluminöse Ballonreifen, moderne oder nostalgische Lampen, alles sind Entscheidungen, die Kopfzerbrechen bereiten können, wenn man will. Richtig Spaß macht es, wenn es um den letzten Schliff geht. Nehme ich die Reifen in Schwarz, Grau, Braun oder Beige, leiste ich mir bei Sattel, Lenkergriff und Fahrradtasche feinste italienische Handarbeit aus dem Veneto, oder bekommt mein Rad einen ökologischen Anstrich durch Schutzbleche und Kettenschutz aus Eichenholz? Letztendlich entscheidet meistens das persönliche Budget.

Wer allerdings auf einem solchen Fahrrad durch die Stadt fährt und neidische Blicke auf sich zieht, sollte auch seine Kleidung an den Stil des Fahrrads anpassen …

**Adresse** Rabengasse 14, 89073 Ulm | **ÖPNV** 10 Minuten vom Bahnhof, von der Nordflanke des Münsters sind es nur wenige Schritte | **Öffnungszeiten** Di–Fr 10–18.30 Uhr, Sa 10–16 Uhr | **Tipp** Im »Ofenschlupfer« an der nächsten Straßenecke gibt es nicht nur das köstliche Dessert, nach dem das Lokal benannt ist, sondern auch viele andere heimische Leckereien.

# 69 Das Radhaus beim Rathaus

*Der diebstahlsichere Stall für Drahtesel*

Radfahrer sind eine besondere Spezies. In der Innenstadt sind sie zweifellos schneller als jeder andere Verkehrsteilnehmer. Jedoch ist nicht nur die Unfallgefahr ein Problem, sondern auch das Abstellen des Fahrzeugs stets mit einem hohen Risiko verknüpft, denn der Fahrradklau ist weit verbreitet. Auch wenn der Drahtesel vermeintlich gut abgeschlossen ist, entdecken findige Diebe immer ein Teil am Fahrrad, das sich abmontieren lässt. Zur Weiterfahrt ist man anschließend auf öffentliche Verkehrsmittel angewiesen, oder man sieht sich zu einem ausgiebigen Fußmarsch genötigt. Dieser ist in einem solchen Fall mit einer ziemlichen Wut im Bauch verbunden, weil der oder die Übeltäter selten aufgespürt und bestraft werden. Fahrraddiebstahl gehört schließlich zur Kleinkriminalität.

Dagegen hat die Stadt ein probates Gegenmittel gefunden. Hinter der Westseite des Rathauses, oberhalb der Bibliothek, steht das Radhaus. Hier kann man für wenig Geld sein Fahrrad diebstahlsicher deponieren, vier Stunden kosten einen Euro. Wenn man vergleicht, was ein neues Fahrrad oder auch nur ein Vorderrad oder ein Sattel kostet, ist das eine sehr preiswerte Alternative. Ideal ist dieses Parkhaus für die Donau-Fernradler. Sie können in einer Box auch zu zweit ihre Räder samt Gepäck unterstellen. Sogar als Umkleidekabinen sind sie zu gebrauchen, denn die eng anliegenden, verschwitzten Radoutfits finden nicht nur bewundernde Blicke bei den Mitmenschen in der Innenstadt. Ordentlich angezogen können die Gäste dann die Stadt Ulm in vollen Zügen genießen. Man ist sich schließlich sicher, seine Weiterfahrt mit unversehrter Ausrüstung fortsetzen zu können.

Übrigens, die Stadt hat auch noch in anderer Weise an die Rad fahrenden Touristen gedacht! An der Seite hängt ein großer Stadtplan, auf dem nicht nur die touristischen Highlights, sondern auch die Fahrradwerkstätten eingezeichnet sind.

Adresse Vestgasse, zwischen Rathaus und Bibliothek, 89073 Ulm | ÖPNV nur 7 Minuten zum Bahnhof | Öffnungszeiten rund um die Uhr | Tipp Nach anstrengender, schweißtreibender Etappe kann man sich mit frischem Wasser am Fischkastenbrunnen auf dem Marktplatz abkühlen, bevor man die Stadt besucht. Bitte nicht drin baden!

# 70 Der Rapunzelturm

*Ein märchenhaftes Bauwerk*

»Rapunzel, Rapunzel, lass mir dein Haar herunter.« Diese Bitte wird man vergeblich an dem Turm hinaufrufen, denn das schöne Mädchen mit dem langen Haar lebte noch nie hier. Aber man kann sich gut vorstellen, wie aus dem oberen Fensterchen in 14 Metern Höhe wunderschönes Haar, gesponnen wie Gold, herausquillt. Im Falle des Ulmer Rapunzelturms hätte es allerdings weder die Fee noch der Königssohn nötig, an den Haaren hinaufzuklettern, denn der Turm besitzt eine Treppe und ist jederzeit frei zugänglich.

Der Turm wurde 1907 vom Schwäbischen Albverein auf dem Michelsberg als Touristenattraktion gebaut. Es gab zwar schon eine Aussichtsplattform auf der danebenliegenden Wilhelmsburg, die durfte aber nur von Soldaten benutzt werden.

Wer es geschafft hat, die vielen Stufen der Wendeltreppe ohne Schwindelattacke zu überwinden, dem bietet sich auf dem Aussichtsplateau ein grandioser Ausblick über die ganze Stadt und deren Umgebung. Gen Norden bekommt man einen Eindruck von den gewaltigen Ausmaßen der Zitadelle Wilhelmsburg. Gen Süden liegt dem Besteiger des Turmes die Altstadt zu Füßen. Zum Greifen nah ist das alles überragende Münster, welches sich nochmals in den Scheiben der gläsernen Stadtbibliothek widerspiegelt. Wuchtig ragen zwischen den historischen Häusern Metzgerturm und Gänstor heraus. Wer den Blick Richtung Süden weiterschweifen lässt, entdeckt den Neu-Ulmer Wasserturm, das Kloster Wiblingen und kann den Verlauf der Donau vom Südwesten bis zum Nordosten verfolgen.

Märchenhaft schön wird es erst, wenn man bei Föhnwetter den Turm besteigt. Dann erschließt sich dem Betrachter ein überwältigendes Alpenpanorama. Es ist kaum zu fassen, dass diese Berge 100 Kilometer entfernt sein sollen. Äußerst hilfreich ist an solchen Tagen die Informationstafel auf der Turmspitze, welche den Besucher beim Finden der Gipfelnamen sehr unterstützt.

Adresse Wilhelmsburg, Prittwitzstraße 100, 89075 Ulm | ÖPNV Linie 7, Haltestelle Frauensteige | Öffnungszeiten jederzeit zugänglich | Tipp In der Prittwitzstraße gibt es nicht nur die Wilhelmsburg, sondern auch die obere Geisenbergbastion Werk XIX.

# 71 Die Rathausbemalung

*Weiser Rat an der Rathauswand*

»Vil Gut der Frumm mit Reden stifft, / Ein böse Zung vil Leut vergifft.« Diesen Spruch, der leicht in unser heutiges Deutsch zu übertragen ist, kann man mit vielen anderen Weisheiten an der Fassade des Rathauses entdecken. Dass man mit Reden viel Gutes stiften, mit einer bösen Zunge aber viele Leute vergiften kann, trifft heute noch genauso zu wie im Jahre 1540, als der Stadtmaler Martin Schaffner die Fassade mit derlei Sätzen und dazu passenden Gemälden verziert hat.

Während der oben zitierte Spruch unverfänglich ist, muss man ein weiteres Sprichwort an der Rathauswand als recht mutig bezeichnen. »Viele Gesetze können wir mit dem Spinnennetz vergleichen, das starken Wespen nichts schadet, aber viele kleine Fliegen tötet« steht da in der Sprache jener Zeit. Bemerkenswert ist, dass Schaffner dies nicht bei einer Nacht-und-Nebel-Aktion hingepinselt hat, um der Obrigkeit eins auszuwischen, sondern direkt im Auftrag des Rates handelte. Hut ab vor der Weisheit des damaligen Magistrats.

Das Bemalen der Rathausfassaden war in den großen Städten des Reiches sehr verbreitet. Es war ein Zeichen des Wohlstandes und die Darstellungen gleichzeitig Bilderbuch für Einheimische und Gäste. Die wichtigsten Ereignisse der Stadtgeschichte waren an den Wänden abzulesen. Gekrönte Häupter konnten sich darauf wiederfinden. Ulm hat zu Ehren des Kaisers und der Kurfürsten sein Rathaus sogar mit Prunkfenstern versehen.

Die Malereien am Südgiebel sind jüngeren Datums. 1905 entschied man sich, die verblichenen Fresken durch neue zu ersetzen. Die Szenen sind historisch geblieben. Im oberen Teil sehen wir eine Ulmer Schachtel zusammen mit den Wappen der Städte, mit denen man in Handelsbeziehung stand. Das untere Bild zeigt die Heimkehr der siegreichen Ulmer, die dem Belagerer Kaiser Karl IV. erfolgreich Widerstand geleistet hatten.

Adresse Rathaus Nordseite, Marktplatz 1, 89073 Ulm | ÖPNV vom Bahnhof aus zu Fuß in 6 Minuten | Tipp Im Treppenhaus des Rathauses hängt ein Nachbau des Fluggerätes des »Schneiders von Ulm« (siehe Seite 82).

# 72_The Red Dog for Landois

*Der rote Hund, der vor dem Rathaus bellt*

Die Ulmer Bürger waren und sind, was moderne Kunst betrifft, nie vor Überraschungen sicher. Da stand im Mai 2009 auf dem Hans-und-Sophie-Scholl-Platz plötzlich eine knallrote 4,60 Meter hohe Plastik, die eindeutig einen bellenden Hund darstellt. Was soll denn das schon wieder?, wird sich mancher Passant gefragt haben.

Der »Red Dog for Landois« gehörte zur Ausstellung in der Kunsthalle Weishaupt, die im Jahre 2009 dem amerikanischen Künstler Keith Haring gewidmet war. Die Familie Weishaupt besitzt eine der größten Sammlungen des Künstlers und war mit ihm persönlich freundschaftlich verbunden. Das dank seiner roten Farbe unübersehbare Kunstwerk aus dem Jahre 1987 war Teil der Ausstellung »Skulptur Projekte«, die alle zehn Jahre in Münster in Westfalen stattfindet. Sie wurde dort am Standort des alten Zoos aufgestellt, der einem Bankgebäude zum Opfer fiel. Der beliebte Zoo wurde 1875 von dem berühmten Zoologieprofessor Hermann Landois gegründet. Keith Haring beschrieb den bellenden Hund in Erinnerung an Landois als »ein Denkmal für die Imagination, einen Protest gegen blinden Fortschritt«. Im Jahre 1997 erwarb die Familie Weishaupt die Plastik und installierte sie zuerst in Karlsruhe, bevor sie nach Ulm kam.

Die Jugend Ulms fand auf eigene Weise ihren Gefallen an dem ungewöhnlichen Kunstwerk. Sie benützte es als Skaterbahn. Die Kanten eigneten sich bestens zum »Gliden«, wie es im Skaterjargon heißt. Deshalb waren diese in kürzester Zeit abgefahren. Die kleineren Kinder merkten schnell, dass die runden Beine der Skulptur eine wunderbare Rutschbahn sind. Herr Weishaupt ärgerte sich sehr darüber, hatte er doch vor der Ausstellung die Figur mit hohem Geldaufwand restaurieren lassen. Man fand eine Lösung, die Beschädigungen zu vermeiden, ansonsten wäre das Kunstwerk schon längst wieder abgebaut und könnte nicht mehr das Rathaus anbellen.

Adresse Hans-und-Sophie-Scholl-Platz 1, 89073 Ulm | ÖPNV 7 Gehminuten vom Bahnhof entfernt | Tipp Natürlich sollte man die Kunsthalle Weishaupt besuchen und die modernen Kunstwerke anschauen (Öffnungszeiten Di–Mi 11–17 Uhr, Do 11–18 Uhr, Fr–So 11–17 Uhr).

# 73_Der Rosengarten

*Das Duftkonzentrat mit Märchengeschmack*

Es gibt sie häufiger, als man denkt, die Orte, in denen man in Sekundenschnelle dem Trubel der Welt entfliehen und tief durchatmen kann. Solch ein Ort ist der Rosengarten auf der Stadtmauer von Ulm. In wenigen Minuten ist diese immerhin 3.000 Quadratmeter große Idylle von der Stadtmitte aus zu erreichen. Der Garten ist zu jeder Jahreszeit sehenswert. Im Frühling wird das Auge von einer leuchtenden Tulpenpracht verwöhnt. Die schönste Zeit ist allerdings der Sommer, wenn 200 Rosensorten und über 1.000 verschiedene Einzelexemplare ihre ganze Schönheit entfalten und die Spaziergänger in einem Meer von unzähligen Düften schweben lassen. Im Herbst wachsen zwischen den Blumen Gräser empor und gestalten grafisch reizvolle Ensembles. Und selbst im Winter hat der Garten seinen Reiz. Wenn aus den Wildrosen Hagebutten werden, stellen sich zahlreiche Vögel ein und finden hier einen gedeckten Tisch.

Der Rosengarten ist Mitte der 60er Jahre aus dem ehemaligen »Elendsgarten« entstanden, dessen Name aber nichts mit Elend zu tun hat. Der Begriff stammt von dem Wort »Anlände«, weil dort die Schiffe angelegt haben. Dicke Eisenringe in der Mauer zeugen heute noch davon. Aus Anlass der Gartenschauen erhielt die Anlage zweimal eine umfassende Verjüngungskur. Seit 2008 wird die Stadtgärtnerei vom Verein der Ulmer Rosenfreunde bei der Pflege unterstützt. Damals entwickelten Mitglieder des Vereins das Farbkonzept und berieten die Planer bei der Auswahl der Rosensorten. Und bis zum heutigen Tage helfen sie tatkräftig bei der Pflege der Rosenbeete mit.

Wenn man an einem lauen Sommerabend den Rosengarten besucht, kann es schon passieren, dass man eine Schar Kinder, aber auch Erwachsene antrifft, die gespannt einer Erzählerin lauschen. In diesem Fall ist man bei einem der legendären Märchenabende gelandet, die schon seit Jahren regelmäßig hier stattfinden.

Adresse unterhalb der Kita, Adlerbastei 3, 89073 Ulm | ÖPNV Gehzeit 6 Minuten vom Münsterplatz, 8 Minuten vom Bahnhof | Tipp Im Rosengarten finden regelmäßige Serenaden mit unterschiedlichen Musikensembles statt. Sehr romantisch! Außerdem gibt es einen weiteren Rosengarten im Botanischen Garten am Eselsberg.

# 74 Das Schmuckprediger-Museum

*Ulms kleinstes Museum*

Er war eines der großen Originale Ulms: Rudolf Dentler, der unangefochtene König des Fischerviertels. Jedes Jahr stieg er am Schwörmontag auf seinen Thron an der Hauswand seines Schmuckateliers und hielt eine Rede an das unter ihm versammelte Volk. Die tiefschürfenden und hochphilosophischen Gedankengänge konnte nicht jeder Zuhörer nachvollziehen, doch tosender Applaus war ihm immer sicher. Zum Schluss vergab Dentler ein selbst hergestelltes Schmuckstück an einen Bürger, der sich besonders für Ulm engagiert hatte. Eine Ehre, die dem Empfänger wichtiger war als das Bundesverdienstkreuz.

Die alternative Schwörmontagsrede war nicht die einzige Besonderheit des Königs vom Fischerviertel. Dentler tanzte Ballett bis ins hohe Alter. Nein, nicht für sich im stillen Kämmerlein, regelmäßig schwebte er kunstvoll über die Bühne des Ulmer Theaters! Darüber hinaus war Rudolf Dentler ein sehr begabter und kreativer Goldschmied. Seine Schmuckstücke wurden in der ganzen Welt ausgestellt. Darum war es eine Selbstverständlichkeit, nach seinem Tode sein Andenken mit Hilfe eines Museums aufrechtzuerhalten. Ehefrau und Tochter richteten für ihn das kleinste Museum Ulms in einem Raum des Schmuckateliers ein. Zu sehen sind der rote Königsmantel, die Krone und der Thron Dentlers. Außerdem sind seine Ballettschuhe und seine Stiefel ausgestellt, die ein Geheimnis in sich bargen. Beim Gehen klapperte immer ein Stiefel seltsam metallisch. Warum? Der Schelm hatte seinen Hausschlüssel in der Sohle des Schuhs versteckt, und der ragte ein Stück aus der Sohle heraus.

Seit Dentlers Tod steigt an jedem Schwörmontag Tochter Ira auf den Thron an der Hauswand und hält eine Rede. Nicht so tiefschürfend, aber leichter verständlich. Und prächtig ist sie gekleidet, das Volk liegt ihr zu Füßen und spendet frenetischen Beifall. Lang lebe die neue Königin des Fischerviertels!

Adresse Gerbergasse 3, 89073 Ulm | ÖPNV 12 Minuten vom Bahnhof, 6 Minuten vom Münsterplatz | Tipp Zwei Häuser weiter steht die Traditionsgaststätte »Wilder Mann« mit schwäbischer Küche und schönen Sitzplätzen vor dem Lokal.

# 75 Der Schnakenhof

*Das Erste Ulmer Pfannkuchenhaus*

Wenn Gasthäuser nach Tieren benannt sind, dann tauchen fast immer die Namen starker, beeindruckender Exemplare auf. Es gibt zahlreiche Gasthäuser zum Löwen, zum Adler, zum Bären und zum Ochsen. Doch eine Schnake in sein Wirtshausschild zu setzen ist sehr ungewöhnlich und äußerst selten in Deutschland. Es gibt nur bei Nürtingen einen Schnakenwirt und in Ulm einen Schnakenhof. Gerade werbeträchtig ist der Name nicht. Da denkt man als potenzieller Gast schnell an diese lästigen, stechenden Insekten und vermutet deren massenhafte Anwesenheit in der so bezeichneten Gaststätte.

Das traditionsreiche Haus, das schon 1644 zum ersten Mal schriftlich erwähnt wurde, trägt aber noch gar nicht so lange den Namen »Schnakenhof«. Erst im Laufe des 20. Jahrhunderts erhielt es diese wenig schmeichelhafte Bezeichnung nach dem Spitznamen des legendären Wirts Max Schäfer. Dieser jagte ständig und mit großem Eifer, teilweise zur Erheiterung, teilweise zum Unmut der Gäste, diese lästigen Tiere.

Offiziell heißt das Lokal »Erstes Ulmer Pfannkuchenhaus – Allgäuer Hof« und bietet dem Gast seit Jahrzehnten etwa 40 verschiedene Pfannkuchengerichte an. Man kommt beim Studium der Speisekarte aus dem Staunen nicht mehr heraus, auf welch verschiedene Arten man Pfannkuchen servieren kann. Da gibt es süße Varianten mit Pfirsich, Banane, Ananas und karamellisierten Bodensee-Apfelscheiben. Wer es herzhaft will, nimmt lieber Pfannkuchen mit Speck, Schinken oder Hackfleisch. Als pikant werden die Gerichte mit Schnitzel, Lachs oder Garnelen bezeichnet. Wer einen Riesenhunger mitbringt, für den ist der Superpfannkuchen gedacht, der mit Schweinemedaillons, Schinken, Tomaten und Bohnen serviert wird. Übrigens: Eine Schnake wurde im Lokal schon lange nicht mehr gesichtet. Falls doch so ein Viech mal auftauchen sollte, so wird es vom Personal auf traditionelle Weise, ganz im Sinne Max Schäfers, gejagt und erlegt.

**Adresse** Erstes Ulmer Pfannkuchenhaus, Fischergasse 12, 89073 Ulm | **ÖPNV** vom Bahnhof und vom Münsterplatz in 6 Minuten zu Fuß erreichbar | **Öffnungszeiten** Di–Fr 11.30–23.30 Uhr, Sa 11.30–24 Uhr, So 11.30–22.30 Uhr | **Tipp** Nach dem Essen empfiehlt sich ein Verdauungsspaziergang durch das Fischerviertel hinab zum Donauufer. Bei schönem Wetter kann man dort auf den Donauwiesen ein erholsames Schläfchen machen.

# 76 Die Schuhmacherwerkstatt

*Altes Handwerk in der beliebten Einkaufsstraße*

Ganz selten versteckt sich zwischen den vorbildlich renovierten Fachwerkhäusern in den Gassen der Altstadt noch ein Haus, das zwar den Zweiten Weltkrieg überlebt hat, an dem aber seitdem kaum etwas verändert wurde.

In einem davon hat der Schuhmacher Erkan Ceylan seine Schuhmacherwerkstatt. »Schuh-Reparaturen« steht in großen Buchstaben über dem Eingang. Das Schild, ja, die ganze Fassade hat genauso wie der Laden schon Jahrzehnte hinter sich, und die Zeit hinterließ deutliche Spuren. Erkan Ceylan hat alles so gelassen, wie es war, als er vor Kurzem das Geschäft übernommen hat. Sein Unternehmen besteht aus gerade mal zwei kleinen Räumen. Im Verkaufsraum stehen auf einem Regal die fertigen und die unreparierten Schuhe. An der Wand warten unzählige verschiedene Schnürsenkel und Schuhcremedosen in allen Farben auf einen Käufer. Hinzu kommen Bürsten, Schuhlöffel und Schuhspanner in den unterschiedlichsten Ausführungen. Und dann ist da noch der unverwechselbare Geruch von Leder, der sich mit dem Geruch der Füße, die in den Schuhen gelaufen sind, vereint hat.

In der Werkstatt stehen einige Maschinen zur Lederbearbeitung. Ceylan zeigt auf zwei davon. »Solch gute Maschinen hat sonst kein Schuhmacher in der Gegend«, meint er selbstbewusst. Ceylan kennt sich aus. Er hat das Schuhmacherhandwerk in Istanbul von der Pike auf gelernt. »Wir haben maßgefertigte Schuhe hergestellt, wunderbare Schuhe, die genau gepasst haben«, erzählt er strahlend. Hier hat er nicht die notwendigen Werkzeuge dafür und auch nicht die Kundschaft. Aber auch bei den Reparaturen ist ihm Qualität wichtig. »Schauen Sie mal, wie sauber meine Nähte sind«, meint er ernst und zeigt einen reparierten Schuh. Der Mittfünfziger beherrscht sein Metier eindeutig.

Erkan Ceylans Geschäft floriert, und die Kunden sind dankbar.

**Adresse** Erkan Ceylan, Dreikönigsgasse 4, 89073 Ulm | **ÖPNV** Die Gasse ist die Verlängerung der Herrenkellergasse, 8 Gehminuten vom Bahnhof entfernt. | **Öffnungszeiten** Mo–Fr 9.30–18 Uhr, Sa 9.30–14 Uhr | **Tipp** Einige Häuser weiter bietet in einem etwas moderneren Laden ein Taschenmacher seine Dienste an. Auch Taschen kann man reparieren!

# 77_Die Schwörglocke

*Die Glocke, die nur einmal jährlich schlägt*

Es ist der feierlichste Augenblick im Ulmer Jahreslauf. Nach einem einstündigen Rechenschaftsbericht erhebt der Oberbürgermeister am Schwörmontag die Hand zum Schwur und verspricht den Ulmern, »Reichen und Armen ein gemeiner Mann zu sein in allen gleichen, gemeinsamen und redlichen Dingen ohne allen Vorbehalt, so wahr mir Gott helfe«. Während dieser Worte ertönt der tiefe Ton der Schwörglocke. Es wird plötzlich still in der Innenstadt, die Menschen spüren die Feierlichkeit des Augenblicks. Dieser Moment ergreife ihn immer wieder, meint Ivo Gönner. 2015 hat er zum Klang der Glocke das letzte Mal den Eid abgelegt. Für ihn war dieser Schwur immer eine Mahnung, bei Problemen stets eine friedliche Lösung zu finden. Dem langjährigen Oberbürgermeister haben die Ulmer die Worte geglaubt, die er auf dem Balkon verkündet hat.

Die Schwörglocke hat als älteste Glocke im Münsterturm schon viele Stadtoberhäupter akustisch bei ihrem Schwur begleitet. Sie wurde im 14. Jahrhunderts gegossen, Genaueres ist nicht bekannt. Somit ist sie älter als das Münster selbst. Zuerst hing sie in der Kirche »über Feld« außerhalb der Stadtmauer. Möglicherweise schon während des Gusses erhielt sie im oberen Teil einen Riss, der kunstvoll mit Klammern geflickt wurde. Die Reparatur gelang so perfekt, dass ihr Klang keinen Schaden davontrug und bis heute geläutet werden kann, allerdings nur von Hand, vielleicht ein Grund für ihr Alter. »Menschen läuten Glocken musikalisch und spüren, wenn man sie zu hart anschlägt«, sagt der Glockenexperte Kurt Kramer, »eine Läutmechanik merkt nicht, wenn die Glocke zu hart angeschlagen wird, und schlägt gnadenlos weiter.«

Zu einem besonderen Anlass läutet die Glocke zusätzlich: Bei der Beerdigung eines Oberbürgermeisters ertönt sie statt der Leichenglocke. So etwas bringt einen Oberbürgermeister am Schwörmontag schon zum Nachdenken.

Adresse Münsterturm, 89073 Ulm | ÖPNV 6 Gehminuten vom Bahnhof | Öffnungszeiten Nov.–Feb. 10–15.45 Uhr, März und Okt. 9–16.45 Uhr, April, Mai, Juni, Sept. 9–17.45 Uhr, Juli und Aug. 9–18.45 Uhr | Tipp Für das Münster gibt es vielerlei Führungen, auch spezielle Jugendführungen (Anmeldung unter Tel. 0731/9675010 oder im Tourismusbüro nachfragen).

# 78 Der seltsame Türklopfer

*Erinnerungen an Dr. Gustav Leube*

Ist das jetzt der Kopf eines Menschen oder eines Löwen? Diese Frage stellt sich zu Recht, wenn man den Türklopfer am Dr.-Ernst-Gustav-Leube-Haus in der Kronengasse 5 betrachtet. Die Gesichtsform, die Augen und die Nase haben eher menschliche Formen. Das mähnenhafte Haar und das Maul, in dem die Figur einen Schlangenring hält, erinnern mehr an einen Löwen. Mit etwas Phantasie kann man das Rätsel lösen. »Leu« ist ein alter Name für Löwe, denken wir nur an Schillers Glocke: »Gefährlich ist's den Leu zu wecken.« Und in Leube steckt das Wort Leu, also Löwe, drin. Die menschlichen Gesichtszüge in der Darstellung kann man keiner bestimmten Person zuordnen. Dafür macht die Schlange keine Deutungsprobleme. Sie war schon immer das Symbol der Apotheker.

Wer war dieser Ernst Gustav Leube? Er wurde 1808 geboren und begann mit 14 Jahren eine Apothekerlehre in Heidelberg, studierte in Tübingen anschließend die »Apothekerkunst« und übernahm danach die Apotheke seines Onkels. Seine große Leidenschaft gehörte allerdings der Mineralogie und der Chemie. Um sein Wissen in diesem Bereich zu erweitern, studierte er noch einige Zeit an der Bergakademie Freiberg in Sachsen. Für seine Schriften über die Jura- und Süßwasserkalke erhielt er in Tübingen den Doktortitel; er war übrigens der erste Apotheker in Deutschland mit Promotion.

Leube setzte sein Wissen über die Gesteine in der Praxis um und erfand ein Verfahren zur Herstellung von Zement. Mit seinen beiden Brüdern gründete er die erste Zementfabrik Deutschlands (siehe Seite 66). Schnell erkannten die Fachleute die Vorzüge des neuen Baustoffs, und so lieferten die Leube-Brüder bald bis nach Prag. Nachdem die einheimische Konkurrenz den Leubes allzu sehr zugesetzt hatte, verlagerte die Firma ihren Sitz nach Österreich. Unter dem Firmennamen »Leube Baustoffe GmbH« existiert sie heute noch als ältestes Zementwerk der Welt in Familienbesitz.

Adresse Kronengasse 5, an der Südwestecke der Stadtbibliothek, 89073 Ulm | ÖPNV 6 Gehminuten vom Bahnhof entfernt | Tipp Auf dem Alten Friedhof stehen mehrere Gräber der Leube-Dynastie direkt am Eingang hinter dem Gemeindezentrum St. Georg.

# 79_Die Solarflotte

*Zu 100 Prozent emissionsfreies Bootsvergnügen*

Es ist eine Begegnung der außergewöhnlichen Art. Vom Ufer aus kann man zu regelmäßigen Zeiten ein Gefährt auf der Donau beobachten, das zuerst einmal viel Ähnlichkeit mit einem Katamaran hat. Es bewegt sich ohne Segel recht flott von der Stelle, aber von einem Motor ist überhaupt nichts zu hören. Vollkommen lautlos gleitet es dahin und legt an verschiedenen Uferpunkten an. Auf dem durch ein Solardach vor Regen geschützten Deck bedienen zwei rüstige Senioren die Technik und kümmern sich um die Fahrgäste. Bereitwillig und mit einem gewissen Stolz geben sie Auskunft über Volt, Ampere und Wattzahlen. Sie berichten, dass die Batterien in den beiden Schiffsrümpfen untergebracht sind, dass das Boot dank zwei Gleichstrommotoren mit je 3,42 Kilowatt bis zu 13,5 Kilometer pro Stunde schnell sein und im günstigen Fall 100 Kilometer weit fahren kann. Natürlich reichen die Solarzellen an Deck nicht für den Betrieb. Dazu holt sich das Boot an seinem nächtlichen Anlegeplatz garantiert emissionsfreien Strom aus der Steckdose der Solarstiftung Ulm-Neu-Ulm. Diese ist Eigentümerin und Betreiberin des Solarbootes.

Ein zweites Solarfahrzeug der Stiftung pendelt als Fähre auf der Donau zwischen Edwin-Scharff-Haus und Wilhelmshöhe. Das Gefährt hängt wie die meisten Flussfähren an einem Seil, um ein Abdriften durch die Strömung zu verhindern.

Die beiden Solarschiffe sind die Aushängeschilder der Solarstiftung Ulm-Neu-Ulm, die es sich zum Ziel gesetzt hat, die beiden Städte zu einem emissionsarmen und ressourcenschonenden Vorzeigeprojekt zu machen. Das ist der seit 20 Jahren bestehenden Einrichtung bestens gelungen. Mittlerweile haben die Ulmer den Freiburgern Rang eins unter den Solarstädten Deutschland mit über 100.000 Einwohnern abgelaufen. Ein weiterer Pluspunkt für eine Region, die in puncto Zukunftstechnologie sehr erfolgreich agiert.

**Adresse** Einstiegstellen: Metzgerturm, Adlerbastei, Friedrichsau (gelegentlich) und Barfüßer (Neu-Ulm). Die Solarfähre pendelt zwischen Fischerplätzle (Baden-Württemberg) und Edwin-Scharff-Haus (Bayern), www.solarstiftung.eu/de/solarflotte.html | **ÖPNV** Alle Anlegestellen sind vom Bahnhof oder Münster in wenigen Minuten erreichbar. | **Öffnungszeiten** Betriebszeiten Juni – Sept. Sa und So 14.30 – 16 Uhr | **Tipp** An allen Anlegestellen gibt es zahlreiche Möglichkeiten zum Einkehren. Aussteigen, Pause machen, und dann wieder weiterschippern.

# 80 Die staufische Mauer

*Was ein Stein in der Mauer alles erzählen kann*

Millionen von Jahren verbrachte ich als Felsmasse im Dunkeln, bevor mich Männer mit eisernem Gerät aus der Erde herausgeschnitten und auf einem Karren mühsam in eine menschliche Siedlung transportiert haben. Dort haben sie mich mit vielen anderen Kameraden zusammen zu einer Mauer zusammengesetzt. Das war sehr sinnvoll, denn ich hörte, wie sich die Handwerker erzählten, dass kurz zuvor, im Jahre 1134, der Welfenherzog Heinrich der Stolze von Bayern die ganze Gegend zerstört hatte. Meine Kameraden und ich sollten in Zukunft unliebsame Feinde von der Stadt fernhalten, was wir auch taten.

Im Innern der Mauern entwickelte sich die Stadt prächtig. Das gefiel selbst dem Kaiser Friedrich mit dem Beinamen Barbarossa. 13 Mal besuchte er unsere Stadt und verrichtete seine Amtsgeschäfte. Wenn der Kaiser hier residierte, war vielleicht was los! Feuerspucker, Seiltänzer, Akrobaten und Spielleute zeigten ihre Künste. Fahrende Händler mit allerlei Zeugs boten unter lautem Geschrei ihre Waren feil. Die Trickdiebe und Sacklangerinnen machten in dem Trubel leichte Beute, wurden aber schwer bestraft, wenn sie erwischt wurden.

Im Alltag merkte ich, wie die Ulmer zusehends an Selbstvertrauen gewannen, sie hatten als Bürger im Stadtrat ein Wörtchen mitzureden. Ulm war zudem eine wohlhabende Stadt geworden, die Einwohnerzahl nahm ständig zu, und der Platz innerhalb meiner Mauer wurde zu klein. Darum brauchte man eine neue Befestigung, obwohl ich bei der Belagerung 1376 durch den Kaiser noch gute Dienste geleistet hatte. Ich könnte dicke Bücher mit Geschichten füllen, was ich im Laufe der Jahrhunderte erlebt habe, aber meine Anfangszeit in der Mauer war wohl die schönste meines Mauersteinlebens. Ich bin dankbar, dass ich selbst im 21. Jahrhundert als Teil der Staufermauer noch hier sein und den netten Stadtführerinnen zuhören darf, wenn sie den Touristen Geschichten von früher erzählen.

**Adresse** beim Weinhof zwischen Neuer Mitte und Fischerviertel, 89073 Ulm | **ÖPNV** 7 Minuten vom Bahnhof | **Tipp** Die etwa 300 Jahre später entstandene Stadtmauer ist die Pulsader der Freizeitvergnügen Ulms. Sie trennt die Donau von der Altstadt, ist Spazierweg, Treffpunkt und Aussichtspunkt gleichermaßen und führt von der Bastion Lauseck am Fischerviertel, Rosengarten, Cafés und Restaurants vorbei bis zur Friedrichsau.

# 81 Das Stella

*Gemütlich, gut und klein*

Das Wirtshausschild und die Leuchtwerbung sind nicht mehr neuesten Datums, manchmal lehnt ein Fahrrad am Schaufenster, und in der warmen Jahreszeit sitzen ein paar Gäste entspannt auf Biergartenmöbeln. Man könnte denken, das Stella sei eine Bar wie jede andere, doch das ist ein Irrtum, das Stella ist Kult!

Der Gastraum ist klein, die Theke im Verhältnis dazu überdimensioniert. Trotz der wenigen Quadratmeter, die den Gästen noch übrig bleiben, geht es nicht eng zu. Fünf Tischchen, an denen zwei Stühle stehen, an der Wand eine durchgehende Sitzbank und am Tresen fünf Barhocker, also ziemlich genau 25 Sitzplätze, das muss reichen! Die Speisekarte ist der Größe des Lokals und der Küchenzeile angepasst. Das Frühstück ist reichhaltig, und die Wirtsleute nehmen es nicht so genau mit dem zeitlichen Ende der Frühstückszeit. Legendär ist mittlerweile die täglich wechselnde Suppe, immer mit vegetarischer Variante, im Winter deftiger, im Sommer fruchtiger. Manche Ulmer behaupten, dass die Suppen im Stella die besten der Stadt sind. Auf jeden Fall bekommt man hier einen großen Teller davon für einen kleinen Preis. Für die wenigen Suppenverweigerer gibt es Weißwürste oder italienische Häppchen. Das Getränkeangebot variiert nach Tageszeit. Morgens und mittags gibt es etliche Kaffee- und Teespezialitäten, im sozialen Netzwerk werden regelrecht Lobeshymnen auf den Cappuccino und den Espresso gesungen. Nach Sonnenuntergang greifen die Gäste bevorzugt zu den verschiedenen Longdrinks.

Das eigentliche Plus des Stella ist die familiäre Atmosphäre, zu der nicht nur die Wirtsleute, sondern auch Hund Maddox beiträgt, dem stets der erste Gruß der Stammgäste gilt. Aber man braucht kein Stammgast zu sein, um sich hier spontan wohlzufühlen. Irgendjemand im Lokal findet sich immer, der sich um den Neuling kümmert und ihm seine Lebensgeschichte oder seine Sorgen mit der Freundin anvertraut.

**Adresse** Dreiköniggasse 11, 89073 Ulm | **Anfahrt** Die Gasse ist die Verlängerung der Herrenkellergasse, 10 Fußminuten vom Bahnhof entfernt. | **Öffnungszeiten** Mo–Sa 8–1 Uhr | **Tipp** Unweit vom Stella in der Herrenkellergasse 6 gibt es das »Gustaff«. Die Ausstattung ist gehobener, die Atmosphäre minimal kühler, die Preise sind etwas höher als im Stella.

# 82 Die Stiege

*Vom öffentlichen WC zur Sommer-Kult-Bar*

Wer in Ulm von der Stiege spricht, meint meistens die Treppe, die bei der Herdbrücke von der Stadtmauer zum Donauufer hinabführt. In diesen Treppenabgang war früher ein öffentliches WC eingebaut, ein dunkler, zwielichtiger Ort, um den man gern einen Bogen machte. 2002 wurde die ganze Anlage geschlossen.

Das Problem Stiege war dadurch allerdings nicht beseitigt, denn die Treppe verwandelte sich danach schnell in ein hässliches, stinkendes Müllloch.

Als im Jahr 2013 das Projekt »Kunst für alle« ins Leben gerufen wurde, lud der Ulmer Künstler Martin Leibinger seine Kollegen Wouter Sibum (NL) und Nicolas Vionnet (CH) ein, den ungeliebten Platz auf möglichst originelle Weise neu zu gestalten. Diese installierten in dem ehemaligen Müllloch einen Springbrunnen mit einer vier Meter hohen, weithin sichtbaren Fontäne. Das Kunstwerk erhielt so großen Zuspruch, dass aus dem Problemort plötzlich ein Treffpunkt speziell für junge Leute aus der Kulturszene wurde. Statt der vorgesehenen drei Wochen sprudelte der Brunnen den ganzen Sommer über.

Die Resonanz beflügelte auch das Organisationsteam derart, dass das Projekt »Stiege« mit Einwilligung der Stadt im Jahr 2014 weitergeführt wurde. Jetzt legten Kurator Martin Leibinger, die Designerin Petra Schmitt und Gastwirt Stefan Bausenhart erst richtig los. Es wurden nicht nur Kunstwerke aufgestellt, sondern auch Lesungen veranstaltet, Konzerte aufgeführt, Videoinstallationen und Ausstellungen gezeigt. 2015 erregte vor allem ein Werk des Rotterdamer Künstlers Sil Krol Aufsehen. Seine raffiniert auf einem Gestell positionierten Spiegel ermöglichten gleichzeitig einen Blick sowohl in das Innere wie auf das Äußere der Stiege.

So, wie es zurzeit aussieht, besteht berechtigte Hoffnung, dass aus dieser fabelhaften Idee eine dauerhafte Einrichtung und damit ein weiterer kultureller Farbtupfer der Donaustadt wird.

Adresse Zum Rosengarten 1, 89073 Ulm | ÖPNV zu Fuß in 5 Minuten vom Münsterplatz und in 8 Minuten vom Hauptbahnhof aus zu erreichen | Öffnungszeiten Mo–Sa 17–23 Uhr, So 14–23 Uhr | Tipp Auf der Stadtmauer auf der anderen Seite der Herdbrücke gibt es mehrere Lokale mit Außenbewirtung. Von dort hat man einen herrlichen Blick auf die Donau.

# 83 Der Straßencellist

*Professionelle Musik am Straßenrand*

Es ist Advent. Die Straßen strahlen mit Hilfe Tausender Lampen in festlichem Glanz. Einheimische und Touristen bevölkern den Weihnachtsmarkt und die angrenzenden Gassen auf der Suche nach einem passenden Weihnachtsgeschenk oder haben einfach Lust auf Vorweihnachtsstimmung. Wie das Tüpfelchen auf dem i dazu passend, hört man von irgendwoher den warmen Klang eines Cellos. Geht man der Musik nach, entdeckt man einen älteren Herrn mit warmem Mantel und Mütze, der seinem Cello diese herrlichen Klänge entlockt. Er spielt so professionell, man kann gar nicht glauben, dass diese Musik live gespielt wird.

Alexander Bacyr musiziert außerhalb des Advents in einem großen Orchester in Minsk. Dort war er sogar in früheren Zeiten der erste Cellist. Um in seiner Heimatstadt übers Jahr etwas menschenwürdiger leben zu können, kommt er bereits seit 18 Jahren während der Vorweihnachtszeit nach Ulm. »300 Euro verdiene ich als Orchestermusiker monatlich, das reicht fast nicht zum Leben«, erzählt er. »Stellen Sie sich vor, der Kaffee und der Käse sind hier viel billiger!« In den vier Wochen, in denen er hier ist, wohnt er in Blaustein bei lieben Freunden. Täglich fährt er mit dem Bus in die Stadt und spielt von morgens bis abends an wechselnden Stationen, so verlangt es die Stadt von den Straßenmusikern.

Bei der Auswahl der Stücke passt Alexander Bacyr sich dem Publikumsgeschmack an. Die Leute wollen meist romantische Stücke hören, schließlich ist Vorweihnachtszeit. Es ertönt Schumanns »Träumerei« genauso wie Chopins »Nocturno« und Rubinsteins »Melodie«. Natürlich vergisst er auch nicht das »Ave Maria« von Gounod. Das sind alles »Schlager«, die der Fan klassischer Musik schon fast zu oft gehört hat. Doch Alexander Bacyr spielt sie mit einer Innigkeit und Präzision, dass man ihm stundenlang zuhören will.

Alexander, komm noch oft im Advent zu uns! Du bist ein Stück Ulmer Weihnacht!

**Adresse** in der Fußgängerzone der nördlichen Innenstadt, 89073 Ulm | **ÖPNV** in wenigen Minuten vom Bahnhof aus zu erreichen | **Tipp** Ulm hat einen der größten Weihnachtsmärkte Deutschlands. Er ist für sich eine Reise wert.

# 84 Der strickende Soldat

*Zeitvertreib am Seelengraben*

An einem der Aufgänge zu den Grabenhäuschen kann man in einer Nische ein aus 16 glasierten Kacheln gestaltetes Bild entdecken. Darauf ist eine sehr offenherzig gekleidete, junge Dame abgebildet, die aus dem Fenster schaut und einen unter ihr sitzenden Soldaten vorsichtig an seinem Hut stupst. Dieser ist gerade dabei, einen schwarz-weißen Schal zu stricken, und blickt dabei verträumt ins Leere. Das Bild ist unschwer zu deuten. Die Frau, womöglich ist es seine Ehefrau, möchte den jungen Mann sanft darauf hinweisen, dass es für junge Paare noch schönere Beschäftigungen gibt, als zu stricken.

Nun gehörte es zum Schicksal eines Wachsoldaten, viel Zeit mit Warten zu verbringen, besonders in friedlichen Zeiten. Darum war es mehr als sinnvoll, einer Beschäftigung nachzugehen, die den nicht allzu üppigen Lohn etwas aufbesserte. Und da bot sich das Stricken an, zumal diese Handarbeit in früheren Zeiten durchaus Männersache war, es gab sogar den Beruf des Strickers.

Der abgebildete Soldat ist ein »Garnisöner«, ein Mitglied des stehenden Heeres, das sich die Stadt Ulm ab dem 17. Jahrhundert leistete, um ihr Territorium vor Feinden zu schützen. Diese Wachsoldaten wohnten mit ihren Familien direkt auf der sehr breiten Stadtmauer in kleinen Häuschen, sogenannten Losamentern. Das Raumangebot beschränkte sich auf Küche, Stube und Kammer, dazu kam noch ein kleines Gärtchen.

Mit diesem müssen sich auch die jetzigen Bewohner des Seelen- und Frauengrabens zufriedengeben. Sie scheinen damit glücklich zu sein, denn diese Häuschen gehören zu den begehrtesten Immobilien der Stadt. Ein idyllischeres Fleckchen findet man in der Innenstadt nicht.

Übrigens, wer die Garnisöner in ihren Uniformen erleben möchte, geht zum Festumzug vor dem Fischerstechen. Dort marschieren sie als Musikkapelle blasend und trommelnd durch die Stadt.

Adresse am Aufgang zu den Häuschen am Seelengraben, 89073 Ulm | ÖPNV in 7 Minuten zu Fuß vom Bahnhof oder Münsterplatz erreichbar | Tipp Die Soldatenhäuschen enden am Seelturm, wo früher Syphilispatienten von den sogenannten Seelschwestern gepflegt wurden. Daneben steht der Griesbadbrunnen zu Ehren eines Ulmer Originals aus dem 19. Jahrhundert.

# 85 Der Tatort

*Ulms einziger unaufgeklärter Mord*

Am Morgen des 4. November 1990 findet ein Mitarbeiter des Bauhofs eine furchtbar zugerichtete Leiche auf dem Münsterplatz. Es stellt sich heraus, dass es sich um den Musikstudenten Rafael Blumenstock handelt, der stadtbekannt war. Er wurde mit 21 Messerstichen und massiven Schlägen getötet, sein Gesicht wurde regelrecht verstümmelt. Eine Frau, die damals auf dem Münsterplatz in ihrem Wohnmobil übernachtete, berichtet, zwischen fünf und sechs Uhr Schreie gehört und zwei bis drei Männer mit kurzen Haaren erkannt zu haben. In Ulm ist man geschockt, spontan sammeln sich Leute, um in einem Trauermarsch die Stadt zu durchqueren.

Die für diesen Fall eingerichtete Sonderkommission konnte den Fall nicht klären und wurde im Frühjahr 1991 wegen zu wenig Beweismaterial aufgelöst. Auch ein zehn Jahre später durchgeführter DNA-Test unter 118 Personen brachte keine neuen Erkenntnisse. Man hatte festgestellt, dass der Schmutz unter den Fingernägeln Rafael Blumenstocks nicht seine DNA aufwies. Zudem gab es den Hinweis eines Jugendbegleiters, Jugendliche aus der rechten Szene hätten die Tat angekündigt, um dem homosexuell orientierten Studenten einen »Denkzettel« zu verpassen. Aber auch dieser Hinweis brachte kein Ergebnis.

Wer war eigentlich dieser Rafael Blumenstock? Er galt als lebenslustiger, musikalischer Paradiesvogel, der gern auch mit fremden Menschen Kontakt aufnahm und immer wieder Frauenkleider trug. Die braven Ulmer Bürger schockierte das, andere fanden dies durchaus in Ordnung.

Nach 25 Jahren ist der Fall Blumenstock immer noch nicht aufgeklärt. Doch man gibt die Hoffnung nicht auf, die Mörder zu fassen. Bei solch schweren Straftaten kommt es häufig vor, dass aus dem Umfeld der Täter nach Jahrzehnten ein Hinweis auftaucht, der zur Überführung der Schuldigen führt. Eine Steinplatte vor dem Haushaltswarengeschäft Abt erinnert an die grausame Tat.

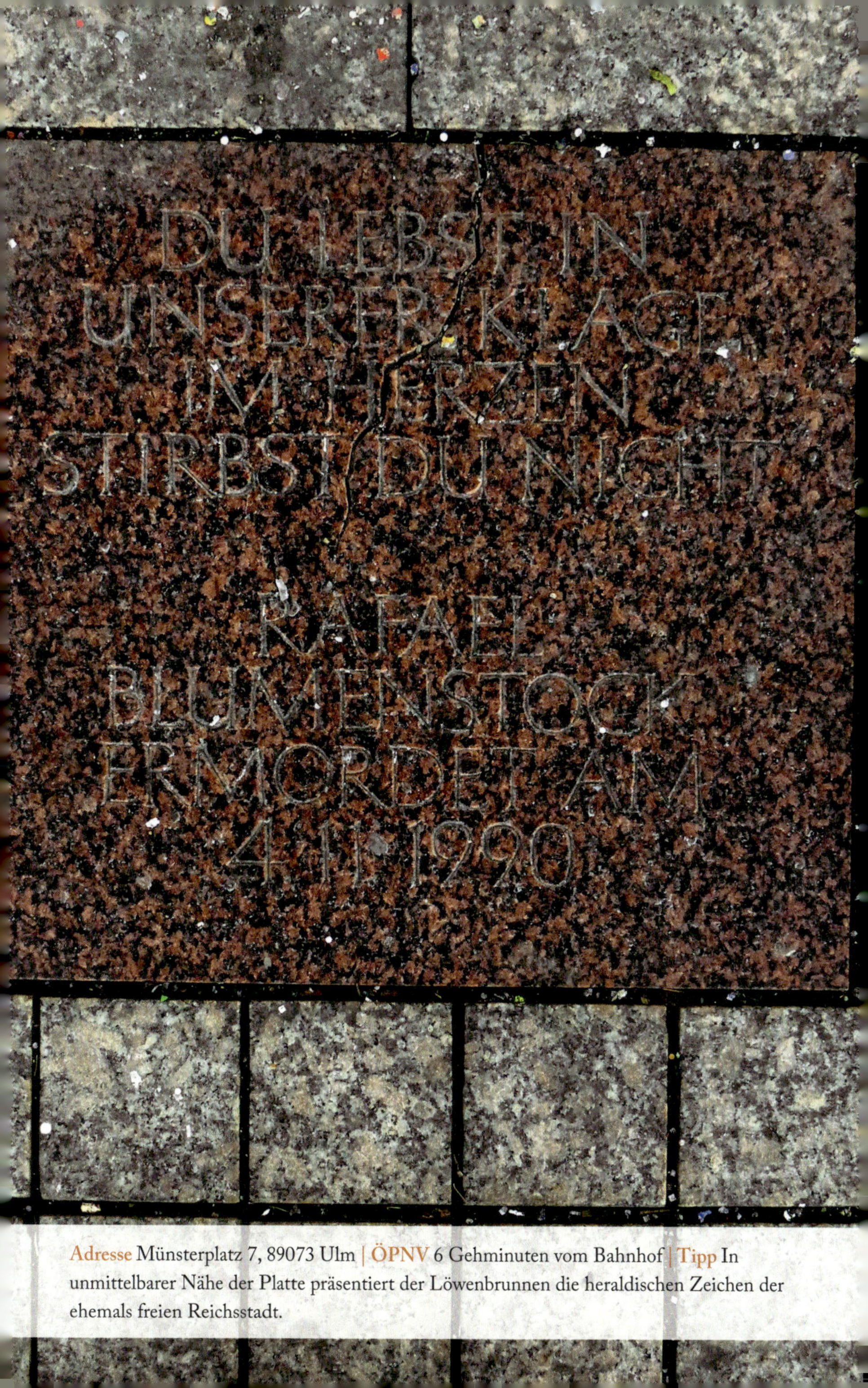


Adresse Münsterplatz 7, 89073 Ulm | ÖPNV 6 Gehminuten vom Bahnhof | Tipp In unmittelbarer Nähe der Platte präsentiert der Löwenbrunnen die heraldischen Zeichen der ehemals freien Reichsstadt.

# 86 Die Theaterwerkstätten

*Wie Kunstwerke hinter den Kulissen entstehen*

Der Gang durch die Flure hinter den Kulissen erinnert an Drehorte aus einem Krimi: graue Wände, Sichtbeton und schwere Stahltüren, fast gruselig. Irgendwann gelangt man zum Malersaal, so groß wie eine Schulturnhalle. Der Boden beweist, dass hier schon viel gearbeitet wurde, er ist fast ein Kunstwerk für sich. Auf einer Spanplatte steht eine junge Frau, die in der einen Hand ein Bild in DIN-A5-Größe hält. Auf dem Bild ist eine in Raster aufgeteilte Alpenidylle zu erkennen. In der Rechten hält sie einen Stock, an dessen Spitze ein Kohlestift steckt. Mit diesem überträgt sie die Vorlage stark vergrößert auf die Spanplatte. Ein paar Meter weiter arbeitet ein junger Mann an einem schon sehr weit gediehenen Übungsbild. In einer Ecke besprüht eine Mitarbeiterin mittels Lackierpistole eine Figur für die Oper »Don Giovanni« mit schwarzer Farbe. Die hier tätigen jungen Leute sind teilweise Auszubildende, die den Beruf des Bühnenmalers anstreben, ein sehr anspruchsvolles Metier, das große Fertigkeiten verlangt.

Einen Saal weiter ist die Schreinerei untergebracht. Hier stehen die aus Spanplatten gesägten Rohlinge für die späteren Kulissen. Die Schreiner sind immer bemüht, das Bühnenbild gleichzeitig beweglich und doch stabil zu konstruieren, keine leichte Aufgabe. Zusätzlich gibt es noch eine Schlosserei und eine Polsterei.

In den Werkstätten kann es durchaus vorkommen, dass plötzlich Kinderstimmen ertönen. Die hier Tätigen sind das gewohnt, denn der Theaterpädagoge Martin Borowski führt immer wieder interessierte Schulklassen durch die Räume.

Schließlich sind diese Kinder die potentiellen Theaterbesucher von morgen. Es gilt, sie rechtzeitig für das Theater zu begeistern. Dazu gehören neben den Werkstattbesichtigungen vor allem die Besuche der Kinderaufführungen, die dank der humanen Eintrittspreise und einer kindgerechten Darbietung gern angenommen werden.

**Adresse** Herbert-von-Karajan-Platz 1, 89073 Ulm | **ÖPNV** Straßenbahn Linie 1, Haltestelle Theater; zu Fuß 4 Minuten vom Bahnhof | **Öffnungszeiten** Führungen über Theaterpädagogik Ulm, Tel. 0731/1614411, E-Mail theaterpaedagogik@ulm.de | **Tipp** Unweit vom Theater ist in der Wengengasse 6 eine kleine Ordensgemeinschaft von vier Nonnen, die sich um in Not geratene Touristen kümmert.

# 87 Die Ulmer Münz

*Hat das Ulmer Geld wirklich mal die Welt regiert?*

Es war der 10. April 1704. Der Oberbefehlshaber der in Ulm stationierten französischen Besatzungstruppen, Marquis de Blainville, forderte Kontributionen in Höhe von 265.106 Gulden von der Ulmer Bevölkerung. Sieben Tage später stellte er eine Nachforderung in Höhe von noch einmal 150.000 Gulden, die bis zum 25. April zu bezahlen war. Er drohte, falls man dieser Forderung nicht nachkäme, eine »militarische scharffe Execution« an.

Da Ulm finanziell schon vorher ausgeblutet war, mussten die Bürger, vor allem die Frauen, ihre Schatullen und Truhen ausräumen und sich von ihrem Tafelsilber und ihrem Schmuck trennen. Die abgelieferten Wertsachen wurden eingeschmolzen und daraus viereckiges Notgeld, sogenannte Klippen, geprägt. »Da pacem nobis domine«, auf Deutsch »Gib uns Frieden, Herr«, war auf der Münze zu lesen; nichts wünschten sich die Ulmer damals sehnlicher.

Ulm stellte schon in früherer Zeit eigenes Geld her, doch dessen Qualität ließ in Kriegszeiten sehr zu wünschen übrig. Zwischen 1620 und 1624 produzierte man in der Burkhardsmühle und in einer Färberei in der Schwörhausgasse in Massen schlechtes Geld, bis der Schwäbische Kreis die Herstellung verbot. Trotz der kurzen Nutzung wird das Haus in der Schwörhausgasse 4 immer noch als »Ulmer Münz« bezeichnet.

Ulmer verschenken heutzutage gern an Gäste eine Nachprägung des Ulmer Guldens mit dem Kommentar, dass Ulmer Geld einst die Welt regierte. Das ist so nicht korrekt, denn bei dem Ulmer Gulden handelt es sich um jene Klippe, die im Jahre 1704 aus der Not entstanden ist, während Ulm von den Franzosen besetzt war. Außerdem stammt der Spruch aus der Zeit um 1500 und lautete im Ganzen: »Venediger Macht, Augsburger Pracht, Nürnberger Witz, Straßburger Geschütz, Ulmer Geld regiert die Welt.« – Wobei mit dem Ulmer Geld der Barchent gemeint war, der Stoff, der Ulm tatsächlich reich machte.

**Adresse** Schwörhausgasse 4 (heute ein Café), direkt gegenüber dem »Schiefen Haus«, 89073 Ulm | **ÖPNV** 7 Minuten vom Bahnhof entfernt | **Tipp** Im »Schiefen Haus« kann man dank Wasserwaage auch in einem schiefen Zimmer waagerecht übernachten.

# 88 Die Ulmer Sammlung

*Frauenpower im Mittelalter*

Im 13. Jahrhundert entstand in Ulm eine unabhängige, sozial orientierte Frauengemeinschaft, der vor allem Töchter aus der wohlhabenden Oberschicht angehörten. Sie fühlten sich der Lehre des heiligen Franziskus verpflichtet, hatten aber im Gegensatz zu einem Orden die Möglichkeit, das Kollektiv wieder zu verlassen, um zum Beispiel zu heiraten. Diese als Sammlung bezeichnete Einrichtung besaß schon damals eine demokratische Struktur, denn die »Meisterin« wurde aus der Mitte des Konvents gewählt. Ihren Sitz hatte die Sammlung ursprünglich an der Stelle, an der heute das Münster steht. Aus Anlass des Münsterbaus erwarben die Damen ein Haus in der heutigen Frauenstraße, Ecke Sammlungsgasse, dort erinnert eine Stele an diese Gemeinschaft.

Dank der Mitgift der Schwestern und einer soliden Wirtschaftsführung vergrößerte sich das Vermögen beträchtlich. Um 1415 kaufte man zwei Dörfer und war dort für Recht und Ordnung inklusive der niederen Gerichtsbarkeit zuständig.

Mit dem Erlös aus den Abgaben förderten die Sammlungsfrauen unter anderem das Bildungswesen in Ulm, indem sie 60 Schüler verpflegten und Stipendien an arme Studenten vergaben. Ab Ende des 15. Jahrhunderts begann für die Frauengemeinschaft ein ständiger Kampf gegen die Beschneidung ihrer verbrieften Rechte. Nur durch die Umwandlung in ein Damenstift konnten sie die Auflösung ihrer Gemeinschaft bewahren. Der Dreißigjährige Krieg brachte der Sammlung nach 400 Jahren das Ende ihrer Eigenständigkeit. Die Meisterin wurde abgesetzt, die Stadt übernahm die Verwaltung. Nominell blieben die Damen trotzdem Eigentümerinnen und durften im Stift bleiben. Im 18. Jahrhundert erlebte die Sammlung nochmals eine kulturelle Hochphase, bevor sie infolge der Säkularisation 1808 endgültig verboten und aufgelöst wurde.

Das Gebäude wurde in eine Mädchenschule umgewidmet und hieß bis zu seiner Zerstörung im Krieg Sammlungsschule.

**Adresse** Stele vor dem Gebäude Frauenstraße 24, Ecke Sammlungsgasse, 89073 Ulm | **ÖPNV** Von der östlichen Münsterecke gelangt man in 4 Minuten durch die Hafengasse direkt zur Kreuzung mit der Stele. Vom Bahnhof aus sind es 10 Minuten. | **Tipp** Die Hafengasse, die vom Münster direkt zur Stele führt, gehört zu den Topadressen für einen Einkaufsbummel in Ulm.

# 89 Die Ulmer Schachteln

*Die schwimmenden Einwegverpackungen*

Es kann durchaus passieren, dass man beim Flanieren am Donauufer auf ein eigenartiges Schiff stößt, aus dem vorne und hinten Paddel herausragen, die durchaus Ähnlichkeit mit den sogenannten Riemen einer venezianischen Gondel besitzen. Auf dem Kahn turnen geschäftig gestandene Mannsbilder in weißen Hemden herum. Grund für das Treiben ist eine Hochzeitsgesellschaft, die sich an diesem Tag eine Rundfahrt in dem Nachbau einer Ulmer Schachtel genehmigt.

Vermutlich ging es in früheren Jahrhunderten selten so fröhlich und entspannt auf diesen Wasserfahrzeugen zu, die wegen ihrer einfachen Bauweise von Neckarschiffern abfällig als Schachteln bezeichnet wurden. Eigentlich hießen die Kähne »Wiener Zillen«. Zille war der Begriff für ein flachbodiges Wasserfahrzeug, Wien war das wichtigste Reiseziel. Sie dominierten 400 Jahre lang den Schiffsverkehr flussabwärts und transportierten Waren und Personen in die Donaustädte. Dort angekommen, wurden sie auseinandergenommen und als Bauholz verkauft.

Tausende schwäbische Auswanderer fuhren auf den Ulmer Schachteln in ihre neue Heimat zwischen Ungarn und dem Schwarzen Meer. Aus dem Holz waren schnell Hütten gebaut, hatten sie ja als Wetterschutz schon auf dem Boot ein kleines Häuschen dabei. Der bedeutendste Transport mit Ulmer Schachteln vollzog sich im Jahre 1683, als 5.000 Landsknechte in das von Türken belagerte Wien gebracht wurden. Sie trugen dort einen wichtigen Teil zur Befreiung dieser Stadt bei.

Das Aufkommen der Eisenbahn bedeutete das Ende der gewerblichen Nutzung der Ulmer Schachteln. 1897 legte die letzte Transportzille von der Schiffslände ab. Gleichzeitig entdeckte man den Freizeitwert solcher Schiffe, und schon um 1900 war es chic, mit einer Schachtel am Sonntag einen Ausflug zu unternehmen. Bis heute schippern die Ulmer gern mit ihnen herum, wenn es sein muss, bis nach Rumänien.

Adresse Bootslände auf der Höhe des Metzgerturms, unter der Metzig, 89073 Ulm | ÖPNV in 10 Minuten vom Bahnhof aus zu erreichen | Tipp Vor dem Donauschwäbischen Zentralmuseum in der Schillerstraße 1 liegt eine original Ulmer Schachtel auf dem Trockenen.

# 90 Die Valentinswetterfahne

*Die Hinrichtung auf dem Dachfirst*

Der 14. Februar, dieses Datum wird uns spätestens dann bewusst, wenn wir auf den Straßen vermehrt Männern mit Blumensträußen in den Händen begegnen. Und mancher Mann stellt sich die Frage, warum er ausgerechnet an diesem Datum, mitten im Winter, ein meist überteuertes Blumengebinde für seine Liebste erwerben muss. Ist das ein Werbeeinfall des deutschen Blumenhandels, oder steckt da mehr dahinter? Ja, dahinter steckt ein Heiliger namens Valentin, der am 14. Februar 219 n. Chr. durch das Schwert hingerichtet worden sein soll. Er war Bischof von Terni in Umbrien und hat viele Paare nach christlichem Ritus getraut. Den Brautpaaren übergab er, so die Legende, Blumen aus seinem Garten als Symbol der Liebe. Die Ehen der von ihm vermählten Paare sollen immer unter einem besonders guten Stern gestanden haben.

Da aber das Ausüben der christlichen Religion zu dieser Zeit noch verboten war, ereilte Valentin wie viele andere Christen die Todesstrafe. Als Dank für sein Wirken wurde er heiliggesprochen und wird seitdem als Patron der Liebenden und Heiliger der Zärtlichkeit verehrt. Aus diesem Grund wurden nach seinem Tod viele Kirchen und Kapellen zu Ehren des Heiligen erbaut, unter anderem auch die Valentinskapelle direkt neben dem Münster. Die Wetterfahne, die das Dach des Kirchleins zieren sollte und das Martyrium des Heiligen drastisch darstellt, weht heute allerdings auf einem anderen Ulmer Haus. Dem evangelischen Rat war die Fahne zu katholisch.

Fast hätte es am 14. Dezember 2014 einen weiteren Märtyrer gegeben. In Blaustein hatte es ein junger Mann versäumt, seiner Angebeteten an diesem Tag ein Geschenk zu überreichen. Der ausgebliebene Liebesbeweis brachte die Dame so in Rage, dass sie ihren Partner mit dem Messer attackierte. Dieser konnte den Angriff abwehren und sich unverletzt in ein Zimmer einschließen. Vom Blumenstrauß war keine Rede mehr.

**Adresse** vom südlichen Marktplatz aus kann man die Wetterfahne auf dem Dachfirst eines Hauses in der Metzig erkennen, Unter der Metzig 20, 89073 Ulm | **ÖPNV** 8 Gehminuten vom Bahnhof entfernt | **Tipp** Von der Metzig aus sind es nur ein paar Meter bis zum Metzgerturm. Daran hinaufschauen und staunen, wie schief der ist!

# 91 Die Wallensteintafel

*Als nachts sogar die Glocken schwiegen*

Allzu groß war die Freude bei den Ulmer Bürgern nicht, als sie erfuhren, dass der Herzog von Friedland und oberste Befehlshaber der kaiserlichen Truppen, Albrecht Wallenstein, der Stadt die Ehre eines Besuchs geben werde. Wallenstein reiste schließlich nicht allein, sondern ihn begleitete ein Gefolge von 630 Personen. Eine riesige Menge Hafer sowie Ochsen, Hammel, Kälber, Fische und acht Fässer Wein waren bereitzuhalten, damit die Herrschaften standesgemäß verköstigt werden konnten. Wallenstein selbst erhielt als Gastgeschenk ein silbernes Waschbecken samt Kanne überreicht.

Es war schon eine beeindruckende Machtdemonstration, als am 29. Mai 1630 der mächtige General durchs Frauentor einzog. 28 sechs- und vierspännige Kutschen, zehn zweispännige Landkutschen, 24 Gepäckwagen und etliche Reitpferde waren nötig, um sein Gefolge mitsamt dem Gepäck von einem Ort zum anderen zu bewegen. Wallenstein selbst übernachtete im Haus des Patriziers »von Schad« am Weinhof, die besseren Herrschaften waren in umliegenden Häusern untergebracht, der Tross in Pfuhl. Um gut schlafen zu können, war in der Umgebung von Wallensteins Schlafstätte jeglicher Lärm untersagt. Die Nachtwächter durften die Stunden nicht ausrufen, die Handwerker weder klopfen noch schreien, selbst das Schlagwerk der Schwörglocke musste abgestellt werden. Am nächsten Tag reiste der Feldherr nach Memmingen weiter, wo ihn sein Entlassungsbrief erwartete. Die Ulmer waren über die Kürze des Besuchs nicht böse, denn selbst diese eine Nacht riss ein großes Loch in den Stadtsäckel.

Das imposante »Schad'sche Haus« nannte man danach das »Wallensteinhaus«. Es wurde wie viele andere Gebäude im Zweiten Weltkrieg durch Bomben zerstört und anschließend durch einen zweckorientierten Backsteinbau ersetzt. Eine Gedenktafel am Haus erinnert an diesen denk- und merkwürdigen Besuch.

Adresse Weinhof 6, 89073 Ulm | ÖPNV 8 Gehminuten vom Bahnhof entfernt, unmittelbar neben der Neuen Synagoge | Tipp Die Stadt Memmingen feiert den Einzug Wallensteins in ihre Stadt alle vier Jahre mit einer historischen Festwoche mit großem Festumzug – hinfahren, Wallenstein erleben und großzügig über kleine historische Ungereimtheiten hinwegschauen.

# 92 Der Wasserspeier am Rathausbalkon

*Warum ihm manchmal speiübel wurde*

Man hätte hier einfach ein Regenrohr als Ablauf anbringen können. Doch der Künstler, der den Rathausbalkon schuf, entschied sich für einen Wasserspeier in Form einer sich übergebenden männlichen Figur. Nun sind Dämonengesichter als Wasserspeier an Kathedralen nichts Ungewöhnliches, sie haben dort aber einen tieferen religiösen Hintergrund. Das dürfen wir in diesem Fall wohl ausschließen. Darum stellt sich die Frage, was der Ulmer Bürger, wenn es sich hier denn um einen solchen handelt, so zum Kotzen findet.

Ulm ist eine Stadt mit einer lebendigen Kultur, sehr hoher Wirtshausdichte und extrem geringer Arbeitslosigkeit. Die Ulmer sind eigentlich zufrieden mit sich und der Welt. Nur wenn bereits im August der Nebel aus der Donau steigt und über Monate keinen Sonnenstrahl durchlässt, dann finden sie dies vielleicht doch zum Kotzen. Im Laufe seines Jahrhunderte dauernden Lebens hat der Speier allerdings schon viele unschöne Dinge mitansehen müssen, große wie kleine. Vermutlich kam ihm auch jedes Mal die Galle hoch, wenn der Kaiser oder ein König zu Besuch kam und es sich mitsamt seinem Hofstaat auf Kosten der Bürger gut gehen ließ. Speiübel wurde ihm jedes Mal, wenn ein Todesurteil aus dem Rathausfenster gegen einen armen Schlucker verkündet wurde und ein reicher Patrizier schadlos davonkam. Dann bewahrheitete sich einmal mehr der Spruch, den der Ulmer Rat im Jahre 1540 an die Fassade des Rathauses schreiben ließ: »Viele Gesetze können wir mit dem Spinnennetz vergleichen, das starken Wespen nichts schadet, das aber kleine Fliegen tötet.«

Der schlimmste Tag für den Speier war wohl der 17. Dezember 1944, als das Rathaus bei einem Fliegerangriff genauso wie der Rest der Altstadt fast völlig zerstört wurde und etwa 700 Menschen ihr Leben verloren.

Adresse Rathaus Ulm, Marktpatz, 89073 Ulm | ÖPNV 7 Minuten vom Bahnhof, 2 Gehminuten vom Münsterplatz | Tipp Unmittelbar in der Nähe am Ende der Herdbruckerstraße befindet sich der Reichenauer Hof mit seinem Minnesängersaal (Grüner Hof 2). Hier ist das Staatliche Hochbauamt untergebracht. Man kann den Saal während der Öffnungszeiten des Amtes besichtigen (Mo–Do 8–15.30 Uhr, Fr 8–12 Uhr).

# 93 Das Weltkriegsmahnmal

*Die furchtbarsten Minuten der Stadtgeschichte*

Es war der 17. Dezember 1944. Über der Stadt lag eine dichte Nebeldecke. Die Menschen sangen am Abend Weihnachslieder in ihren abgedunkelten Wohnungen, man zählte die dritte Adventswoche. Der Volksempfänger meldete starke gegnerische Fliegerverbände über dem süddeutschen Raum. Nichts Außergewöhnliches mehr in diesem Krieg. Und man fühlte sich wegen des Nebels sicher. Um 18.59 Uhr gaben die Sirenen Voralarm, sieben Minuten später Fliegeralarm. Die Menschen eilten überrascht in die Luftschutzkeller und Bunker, und schon ging die Hölle los. Praktisch ungehindert entluden circa 300 Flugzeuge ihre mehr als 10.000 Bomben über der Stadtmitte. Ein unbeschreibliches Inferno brach los. In den Schutzräumen beteten die Menschen, während über ihren Köpfen die in Jahrhunderten gewachsene Stadt in Feuer und Flammen aufging.

Nur 27 Minuten dauerte es, bis die Flugzeuge ihre todbringende Fracht entleert hatten, dann zogen sie wieder ab. Zurück blieb eine lichterloh brennende Stadt, deren Feuerschein noch in 100 Kilometer Entfernung zu sehen war. Über 700 Menschen waren tot, etliche davon sind an Kohlenmonoxydvergiftung in den Bunkern gestorben. Am nächsten Morgen irrten Tausende von Ulmern, darunter viele Kinder, verzweifelt durch die Stadt auf der Suche nach ihren Angehörigen und ihrem Hab und Gut. 25.000 waren obdachlos geworden und wussten an diesem kalten Wintermorgen nicht, wohin sie sollten. Wie durch ein Wunder war das Münster stehen geblieben, ein Ort, in dem sie sich wenigstens aufhalten konnten.

Der Bombenangriff auf Ulm am 17. Dezember 1994 war nicht der einzige im Laufe des Zweiten Weltkriegs, aber er war der schlimmste. Bis zum Kriegsende kamen noch weitere 1.000 Menschen durch Bomben in Ulm ums Leben. Man fragt sich wirklich, welchen militärischen Nutzen die Bombardierung von Städten, die Tötung von wehrlosen Frauen, Kindern und alten Menschen hatte. Ganz sicher keinen!

Adresse Mahnmal Hauptfriedhof, Stuttgarter Straße 166, 89075 Ulm | ÖPNV Linie 7, Haltestelle Neuer Friedhof; Linie 46, Haltestelle Friedhof | Anfahrt Ein Parkplatz befindet sich am unteren Ende des Friedhofs. | Tipp Außer dem Mahnmal für die Toten des Zweiten Weltkriegs hat auch jedes Opfer der Bombenangriffe ein eigenes Kreuzchen mit Namen und Jahr des Todes. Hinter jedem steht eine eigene, ganz persönliche Tragödie.

# 94_Die Wilhelmsburg

*Der Höhepunkt der Bundesfestung*

»Wie konnten Sie sich dazu verrennen, sich in einem so elenden Platz wie Ulm verteidigen zu wollen, der nicht einmal den Namen Festung verdient?« Mit diesen Worten verspottete Napoleon den österreichischen Feldmarschall-Leutnant Karl Mack von Leiberich, als dieser ihm die Kapitulationsurkunde überbrachte. Der Spott traf nicht nur den unterlegenen Feldherrn, sondern auch die Ulmer selbst. Sie waren auf ihre Festungsanlagen stolz gewesen, Napoleon jedoch zeigte die eklatanten Schwächen der Gemäuer deutlich auf, indem er sie in wenigen Stunden überrannte und die Österreicher zur Kapitulation zwang.

Das sollte den Ulmern nicht noch einmal passieren. Nachdem Napoleon endgültig besiegt war, beschloss der Deutsche Bund, sein Territorium durch riesige Festungsanlagen zu schützen. Im Zuge dessen wurde ab 1842 Ulm zu einer Festung nach den neuesten Erkenntnissen der Verteidigungstechnik ausgebaut. Nach der Fertigstellung galt sie als die größte und sicherste ihrer Art in Europa. Am obersten Punkt auf dem Michelsberg errichtete man die Zitadelle, die im Verteidigungsfall die letzte Bastion sein sollte. Man nannte sie zu Ehren des Kaisers Wilhelmsburg. Das Gebäude hat unglaubliche Ausmaße, allein in den Innenhof würde das ganze Ulmer Münster passen.

Der Bau der Festungs- und Eisenbahnanlagen brachte den Städten Ulm und Neu-Ulm einen immensen wirtschaftlichen Aufschwung, 10.000 Arbeiter waren daran beteiligt. Das erste Zementwerk Deutschlands, gegründet vom Erfinder des Zements, Gustav Leube, erlebte einen rasanten Aufstieg. Nachdem neue Geschütze die dreifache Reichweite erzielten, verlor die Festung Ulm an Bedeutung, sie wurde, ein Glück für Ulm, nie belagert.

1944/45 wurden 1.500 Männer, Frauen und Kinder in die Wilhelmsburg verschleppt und mussten hier Zwangsarbeit für die Rüstungsindustrie leisten. Eine Tafel vor dem Eingang erinnert an diese Zeit.

Adresse Prittwitzstraße 100, 89075 Ulm | ÖPNV Linie 7, Haltestelle Frauensteige | Öffnungszeiten jeden 3. So im Monat 11 Uhr | Tipp Die Wilhelmsburg liegt am Festungsweg. Auf der gut ausgeschilderten, 12,5 Kilometer langen Wanderung kann man einen guten Eindruck von den Ausmaßen der Bundesfestung Ulm und ihren Bauten erhalten.

# 95_Der Zuckerbäcker

*Hier backt man noch von Hand*

Bäckereien, nennen wir sie lieber Backläden, gibt es mittlerweile an jeder Ecke. Sie backen zwar das Brot selbst auf, doch der Teig kommt aus der Firmenzentrale oder vom Großhändler.

Doch es gibt sie noch, die Bäcker, die morgens in aller Herrgottsfrühe den Teig selbst anrühren, um ihn dann in Ruhe im Backofen gar werden zu lassen. Das kostet Zeit und Energie, dafür sind in den Backwaren auch keine unerwünschten Zutaten versteckt. Solch eine handwerkliche Bäckerei findet man in der Herrenkellergasse. Aus den Händen von Bäckermeister Martin Zaiser, seinem Sohn Dennis, einem Gesellen und einem Azubi entstehen seit Jahrzehnten täglich Backwaren nach den gleichen, überlieferten Rezepten. Zehn verschiedene Sorten Brot, darunter auch das begehrte »Genetzte«, Seelen, Weckle, Brezeln, Kuchen, Plunder in großer Auswahl und vieles mehr wartet schon in den Regalen des Ladens, wenn morgens die Kunden erscheinen. Selbstverständlich liegt dann auch das Zuckerbrot, das Aushängeschild des Ladens, zum Verkauf bereit.

Der Laden ist das Reich von Doris Zaiser und ihren Verkäuferinnen. Es wuselt regelrecht hinter der Theke, denn der Andrang ist groß. Wenn man da trödelt, wird es schnell eng in dem kleinen Laden mit der niedrigen Decke. Trotzdem wird jeder persönlich bedient, viele Kunden werden namentlich angesprochen. Und man kennt meistens schon ihre Wünsche, für einige liegt schon eine abgepackte Tüte bereit. Um die Mittagszeit füllt sich der Laden noch mehr. Die Bäckerei bietet einen täglich wechselnden Mittagstisch an, der an den Tischchen im Stehcafé verspeist wird.

Die Bäckerei Zaiser ist mittlerweile schon in der sechsten Generation in Familienhand, und es sieht ganz so aus, als werde Dennis den Betrieb in die siebte Generation führen. Die Ulmer würde es sicherlich freuen, denn so eine Bäckerei macht eine Stadt ein großes Stück lebenswerter.

Adresse Bäckerei Zaiser, Herrenkellergasse 11, 89073 Ulm | ÖPNV von der nördlichen Münsterseite aus durch die Rabengasse, am Ende kommt man direkt zum Zuckerbäcker, 8 Gehminuten vom Bahnhof | Tipp Die Herrenkellergasse gehört wie die Hafengasse zu den beliebtesten Adressen für einen Einkaufsbummel.

# 96 Der Botanische Garten

*Blumenreich und pflanzenstark*

Mancher Genießer hält die Artischocke für ein exotisches Gemüse, das erst seit wenigen Jahren bei uns erhältlich ist. Weit gefehlt! Schon seit Jahrhunderten baut man nachweislich diese distelartige Kulturpflanze in Ulm an, wie man in der Abteilung »alte Nutzpflanzen« im Botanischen Garten erfährt. Ebenso wurden Spargel, Wein und Hopfen kultiviert und in großem Stil exportiert. Spargel und Artischocken wachsen hier vortrefflich, der Wein scheint sich an dem zugigen Fleckchen nicht so wohlzufühlen.

Ein Traum ist der direkt neben den historischen Nutzpflanzen angelegte Bauerngarten. Das Gemüse gedeiht prächtig, der Buchs ist kerngesund, und die Kieswege sind blitzsauber gepflegt. Selbst am Ende der Saison bietet der Garten noch eine üppige Blütenpracht. Im neu angelegten Apothekergarten lernt man, dass der liebe Gott für jede Krankheit ein Kräutlein wachsen ließ. Schautafeln neben den Gewächsen erläutern in verständlicher Sprache die Wirkungsweise der zahlreich angebauten Heilpflanzen.

Das »Grüne Klassenzimmer« will Kinder und Jugendliche in die Geheimnisse der Natur einweihen. Mit Hand und Herz kommen die Schüler mit der Natur im wahrsten Sinn des Wortes in Berührung und lernen so den respektvollen Umgang mit Lebewesen und Pflanzen. Zwischen wogenden Gräsern und dem raffinierten Farbenspiel der Blütenstauden können sich derweil die Eltern im Taglilien-Schaugarten bewegen. Oder sie besuchen das Gewächshaus, wo sich exotische Blüten einen Wettkampf liefern, welche wohl die schönste ist.

Der Botanische Garten bietet überdies ein Rosarium, ein Arboretum und in der Saison eine herrlich duftende Blumenwiese. Die ganze Anlage ist sehr gut gepflegt, man spürt, dass hier mit viel Liebe zum Garten gearbeitet wird. Ein wahrlich schönes und recht großes Stückchen Erde, welches Bindeglied ist zwischen Stadtzentrum und Wissenschaftsstadt.

**Adresse** Botanischer Garten der Universität Ulm, Hans-Krebs-Weg, 89081 Ulm-Eselsberg | **ÖPNV** Buslinien 3 und 5, Haltestelle Universität Süd oder Botanischer Garten | **Tipp** Zum Botanischen Garten gehört ein Biergarten, in dem man zu günstigen Preisen einkehren kann.

# 97__Das Energon

*Der Welt größtes Passivhaus-Bürogebäude*

Ulm kokettiert gern mit Superlativen. Die Stadt ist im Besitz des höchsten Kirchturms und des vielleicht ältesten abstrakten Kunstwerks der Welt. Dazu kommt noch das kleinste Theater Deutschlands und seit ein paar Jahren das weltweit energieeffizienteste Bürogebäude.

Schon bei der Betrachtung von außen erkennt man seine Einmaligkeit. Die dreieckige Form mit gekrümmter Fassade und innenliegendem Atrium gehört zu den Highlights der modernen Architekturlandschaft auf dem Eselsberg. Hier vereint sich Nutzen mit Schönheit, denn die großen, energetisch optimierten Glasflächen mit blinkendem Sonnenschutz sind ein wichtiger Bestandteil des Passivhauskonzepts. Bis zu 420 Menschen arbeiten hinter einer lückenlos hochwärmegedämmten Gebäudehülle mit bis zu 50 Zentimetern Wandstärke.

Kernstück und Knackpunkt der Niedrigenergie-Gebäudetechnik ist das Lüftungssystem mit Wärmerückgewinnung und Erdwärmetauscher. Rohrsysteme in den Geschossdecken sind dafür verantwortlich, dass es in den Büros im Winter warm und im Sommer kühl ist. Der Hauptteil des alltäglichen Warmwasserbedarfs wird von den 40 Erdsonden gedeckt, die bis zu 100 Meter in das Erdreich gebohrt wurden. Falls das warme Wasser aufgrund niedriger Außentemperaturen und hoher Auslastung nicht ausreicht, kann auf einen Nahwärmeanschluss zurückgegriffen werden. Für den Strombedarf ist auf dem Dach des Gebäudes und auf dem danebenstehenden Parkhaus eine Fotovoltaikanlage mit einer Leistung von 150 Kilowatt installiert. Sie stellt einen wichtigen Beitrag zur positiven Ökobilanz des Gebäudes dar.

Interessanterweise waren die Kosten des Bauwerks nicht höher als die vergleichbarer Bürogebäude in konventioneller Bauweise. Insofern können sich die Nutzer, die vorwiegend zur IT-Branche gehören, über vernünftige Mietpreise und geringe Energiekosten freuen und gleichzeitig mit gutem Öko-Gewissen ihrer täglichen Arbeit nachgehen.

Adresse Science Park II, Lise-Meitner-Straße 14, 89081 Ulm-Eselsberg | ÖPNV Linien 3, 5, 6, 13 und 45, Haltestellen Albert-Einstein-Allee oder Berliner Ring | Anfahrt Ausfahrt A 8, Ulm-West, B 10, zweite Abfahrt Ulm-Lehr. | Tipp Der Eselsberg bietet gleich eine Reihe von architektonisch interessanten Bauten, einen Skulpturenpark und am südlichen Ende einen botanischen Garten.

# 98 Der Kunstpfad

*Von Adam und Eva bis zur Knochenschraube*

Die »Adam und Eva« genannte Skulptur ist das kleinere der beiden Werke von Niki de Saint Phalle, die zu den fast 60 Skulpturen des Kunstpfads im Innen- und Außenbereich der Ulmer Universität gehören. Meistens wird in Reiseführern das größere Werk der außergewöhnlichen Künstlerin mit dem Titel »Le Poet et sa Muse« abgebildet. Aber »Adam und Eva« haben es ebenfalls in sich, oder man könnte auch sagen: an sich. Niki de Saint Phalle schuf dieses Werk 1987, auf dem Höhepunkt ihres Schaffens. Die beiden Figuren sind anders als in der Bibel angezogen. In einem sehr bunten Badeanzug prostet eine Dame mit der typisch drallen Saint-Phalle-Figur einem Mann mit der Statur eines Rugbyspielers zu. Die zwei scheinen einander sehr innig zugewandt zu sein, das erkennt der Betrachter, obwohl sie kein Gesicht besitzen. Sie sind gerade beim Picknick, man sieht eine Weinflasche und ein Hähnchen, ein schwarzer Stein bildet ihre Sitzgelegenheit. Nur ein Totenkopf im Apfel und eine Schlange im Hintergrund weisen auf die biblische Erzählung hin.

Die Initiatoren des Kunstpfads um Professor Burri schafften es, auch die Geschehnisse innerhalb der Universitätsmauern in die Gestaltung einzelner Kunstwerke einzubeziehen. Herauszuheben sind hier die Skulpturen »The Screw« (Die Schraube) und »Unifix«. Beides Werke, die ganz oder teilweise aus der Hand Burris stammen. Beim ersten durchstößt eine überdimensionale Knochenschraube das Forschungsgebäude der Unfallchirurgie und dringt anschließend noch durch die Querschnitte von Schienbein und Elle. Mit »Unifix« ist ein in Ulm entwickeltes Gerät zur Fixierung von Knochenbrüchen in überdimensionaler Form dargestellt.

Sehr positiv zu werten ist, dass beim Kunstpfad nicht nur große Namen wie Saint Phalle und Max Bill, sondern auch viele junge, bis dato unbekannte Künstler und ein großer Anteil an Bildhauerinnen zum Zuge kamen.

Adresse Institut für Unfallchirurgische Forschung und Biomechanik, Helmholtzstraße 14, 89081 Ulm-Eselsberg (Die Kunstwerke »The Screw«, »Unifix« und »Adam und Eva« liegen dort sehr nahe beieinander.) | ÖPNV Buslinie 3, Haltestelle Botanischer Garten | Anfahrt Ausfahrt A 8, Ulm-West, B 10, dort Ausfahrt Berliner Ring. Vom Berliner Ring aus die Abzweigung Albert-Einstein-Allee nehmen. | Tipp Der Kunstpfad ist mit einem kleinen, aber feinen Baumlehrpfad verbunden. An den Bäumen sind Täfelchen zum Aufklappen und Erraten der Baumnamen angebracht.

# 99_Der Gasthof zum Ritter

*Das Wirtshaus mit der Napoleon-Anekdote*

Die kleine Erzählung ist ja wirklich rührend. Der große Feldherr Napoleon gibt sich während der Schlacht von Ulm die Ehre, in dem kleinen Vorort Gögglingen im Gasthof Ritter zu speisen, und da passiert das große Malheur: Seine Exzellenz entdeckt im Salat eine Schnecke. Der Kaiser ist höchst empört und verurteilt den armen Wirt auf der Stelle für diese Missetat zum Tode. Nur dank der mutigen Intervention seines hübschen Töchterchens kann die Exekution verhindert werden. Sie bittet in französischer Sprache beim großen Herrscher flehentlich um Gnade und wird erhört. Im Bewusstsein der Werbeträchtigkeit einer solchen Anekdote ließ sie der vorherige Wirt auf die Papiertischdecken drucken, um dem Gast die Geschichtsträchtigkeit seines Hauses ins Bewusstsein zu rufen.

Doch jetzt hat im Rahmen von Jubiläumsfeierlichkeiten der Historiker Thomas Schuler die Geschehnisse während der Schlacht von Ulm-Elchingen genauer recherchiert und kam zur Erkenntnis, dass Napoleon nie in Gögglingen weilte. Weder die sorgfältig geführten Kriegstagebücher von Marschall Ney noch die zahlreichen Aufzeichnungen örtlicher Pfarrer geben irgendeinen Hinweis darauf, dass Bonaparte hier aß und im Salat eine Schnecke fand.

Solche historischen Enthüllungen stießen verständlicherweise in Gögglingen auf heftige Gegenwehr. Der kleine Ortsteil Ulms sah sich seines wichtigsten historischen Aushängeschildes beraubt. Doch bei näherer Betrachtung der Erzählung hätte man sich schon die Frage stellen können, woher das junge Mägdelein Französisch konnte oder ob Napoleon während der Schlacht nichts anderes zu tun hatte, als einen kleinen Wirt wegen einer Schnecke im Salat zum Tode zu verurteilen.

Trotzdem ist diese Anekdote viel zu schön, um sie in Vergessenheit geraten zu lassen. Seien wir nicht so streng, schließlich werden unsere Heiligenlegenden auch nicht so genau unter die Lupe genommen!

Adresse Gasthof zum Ritter, Bertholdstraße 8, 89079 Ulm-Gögglingen | ÖPNV Buslinie 3 bis Wiblingen, weiter mit Bus 22R bis Gögglingen Zollbrücke | Anfahrt B 30, Abfahrt Wiblinger Ring auf Laupheimer Straße, an der Zollbruck bis Bertholdstraße fahren. | Öffnungszeiten Do–Di 11.30–14 und 17–21.30 Uhr | Tipp In der Bertholdstraße gibt es auch Störche zu beobachten. Direkt von unten oder Livestream auf dem Handy oder dem PC.

# 100 Die Gerd-Walter-Linde

*Viele 50-Pfennig-Stücke geben auch einen Baum*

Kennen Sie noch die alten 50-Pfennig-Stücke? Dort sieht man auf der einen Seite eine kniende Frau, die einen Baum pflanzt. Die Abbildung sollte ein Symbol für den Aufbruch in eine neue Zukunft sein.

Für den aus dem Krieg heimgekehrten Gerd Walter war diese Münze der Auslöser einer besonderen Idee. Er sammelte alle 50-Pfennig-Münzen, die er erhielt, bis der Betrag für eine junge Linde zusammen war. Mit dem Leiterwagen transportierte er das Bäumchen den Kuhberg hinauf und pflanzte es auf den markantesten Punkt des Hochsträß, nämlich an der Kreuzung der beiden Spazierwege. Selbstverständlich hatte er vorher die zuständigen Behörden um Erlaubnis gefragt.

Es war nicht die einzige Tat für den Naturschutz, die Gerd Walter in den letzten Jahrzehnten vollbrachte. Er engagierte sich an vorderster Stelle bis zu seinem Tod im Schwäbischen Albverein für die Belange der Umwelt. Für seine Tätigkeit als führender Naturschutzwart erhielt er das Bundesverdienstkreuz.

Der Setzling von 1950 ist mittlerweile zu einem stattlichen Baum herangewachsen. An dieser Stelle hat man den besten Rundumblick auf das ganze Umland von Ulm. Im Osten grüßt die Spitze des Münsters, im Norden kann man das Wachsen der Wissenschaftsstadt auf dem Eselsberg beobachten. Gegen Westen erkennt man die prägnante Form des heiligen Bergs der Oberschwaben, den Bussen, und an schönen, klaren Tagen kann man beim Blick nach Süden ein großartiges Alpenpanorama genießen. Und dann gibt es noch die schöne Geschichte, dass die Gerd-Walter-Linde sogar in Kanada berühmt sein soll. Joan Baez soll nach einem Besuch von Ulm und der Linde den Song »For Sasha« geschrieben hat, in dem der »Lindentree« in der ersten Strophe erwähnt wird. Wie gesagt, eine schöne Geschichte, die eine Ulm-Verehrerin aus Kanada geschrieben hat, die aber noch auf den Beweis ihres Wahrheitsgehalts wartet.

**Adresse** Am Hochsträß 10, 89081 Ulm-Kuhberg | **ÖPNV** Bus Linie 4, Haltestelle Am Hochsträß | **Tipp** Der Weg zur Linde führt vom Parkplatz an der ehemaligen HfG etwa einen Kilometer auf dem Bergrücken entlang und ist einer der schönsten Spazierwege Ulms – aber auch eine beliebte Hundeausführstrecke, wo Hunde sich mal ohne Leine austoben dürfen. Die meisten sind interessanterweise gut erzogen.

# 101 Die KZ-Gedenkstätte

*Was geschah am Oberen Kuhberg?*

Laut knarrend öffnet sich der Riegel des massiven eisernen Tores. Nachdem die Besucher hindurchgeschlüpft sind, fällt es mit einem schweren Schlag wieder ins Schloss. Dies ist nicht der Beginn einer Gruselgeschichte, sondern es ist die tatsächliche (Geräusch-)Kulisse, die den Besucher der KZ-Gedenkstätte am Oberen Kuhberg erschaudern lässt und ihn schlagartig mit dem Thema der Ausstellung konfrontiert.

Wie muss es den Häftlingen ergangen sein, die durch solch ein Tor das sogenannte Schutzhaftlager in Ulm betreten mussten? Und es kam noch schlimmer, als dieses martialische Geräusch erahnen ließ. Unter dem fürchterlichen Geschrei des Wachpersonals trieb man die Neulinge in unterirdische Massenlager, aus denen ihnen ein feuchter, modriger Geruch entgegenkam.

Was hatten die Inhaftierten verbrochen? Sie waren lediglich Angehörige einer Partei, die nicht NSDAP hieß, sie waren Sozialisten, Kommunisten. Schon wenige Wochen nach der Machtübernahme wurde »gesäubert«, die ganze Opposition in »Schutzhaft« genommen. Hohe Funktionäre wie der damalige Reichstagsabgeordnete und spätere Gründer der SPD Kurt Schumacher bekamen im Lager eine »Sonderbehandlung«. Schumacher wurde in eine Einzelzelle ohne Licht und ohne Heizung gesperrt. Schlafen musste er zuerst auf dem Boden, auf dem etwas Stroh lag. Einmal täglich durfte er ans Tageslicht, zum Toilettengang und zum Wasserholen. Dabei zwang man ihn oft, mit Steinen gefüllte Eimer ohne Sinn von einer Ecke in die andere zu tragen.

Die Gedenkstätte mit ihrem Dokumentationszentrum ist ein eindrucksvoller Ort, die Zeit und das Wesen des Nationalsozialismus hautnah kennenzulernen. Schulklassen und Einzelbesucher werden auf professionelle Weise an das Thema, besonders auch an die ganz eigene Sprache des Nationalsozialismus, herangeführt und dadurch für braune Propaganda in der heutigen Zeit sensibilisiert.

Adresse Am Hochsträß 1, 89081 Ulm-Kuhberg, Tel. 0731/21312 | ÖPNV Straßenbahn Linie 1 oder Buslinien 7, 8 oder 12, Haltestelle Ehinger Tor, dort umsteigen auf die Buslinie 4 in Richtung Kuhberg/Hochsträß | Anfahrt B 28, aus Richtung Blaubeuren am Ortseingang Ulm (Blautalbrücke) rechts in Richtung Wiblingen den Kuhberg hochfahren und nach etwa vier Kilometern links abbiegen. Der Hinweis zur Gedenkstätte ist gut zu sehen. | Tipp Direkt hinter dem Fort beginnt der wohl schönste Spazierweg Ulms, das »Hochsträß«. Man hat einen einmaligen Blick.

# 102 Das Schloss Obertalfingen

*Wo das Lüsterweibchen von der Decke schaut*

Obertalfingen ist der kleinste Teilort von Ulm, ganz nahe an der bayrischen Grenze und nicht zu verwechseln mit dem angrenzenden bayrischen Ort Thalfingen, der im Unterschied zu Obertalfingen mit einem »h« geschrieben wird.

Obertalfingen könnte heute auch Bad Obertalfingen heißen, denn die dort sprudelnde Quelle gilt schon seit dem Mittelalter als Heilwasser. Und dieses Heilwasser war es vermutlich, was die reiche Patrizierfamilie Besserer dazu bewegte, im Jahre 1540 das Anwesen zu erwerben und ein Renaissance-Schlösschen zu bauen. Außerdem galt es schon damals bei den wohlhabenden Familien als schick, im Sommer auf dem Lande zu wohnen, fernab vom lauten Trubel der Stadt und des an schwülen Tagen intensiven Geruchs tierischer und menschlicher Hinterlassenschaften. Ein dritter, nicht von der Hand zu weisender Vorteil eines eigenen Schlosses war, dass man damit automatisch den Adelstitel erwarb und sich in Zukunft »von Besserer« nennen durfte. Das Geschlecht der »von Besserer« residierte Jahrhunderte auf dem Obertalfinger »Badberg«, bevor das Gebäude von verschiedensten Pächtern zu Wohnzwecken genutzt wurde. Der letzte Spross der Patrizierfamilie, Martha Besserer, starb im Jahre 1980. Solange blieb das Schloss Eigentum der von Besserer.

Danach erwarb eine Eigentümergemeinschaft, bestehend aus drei Familien, das Anwesen. Sie renovierte das Gebäude mit viel Liebe und hohem Aufwand. Heute steht das Haus mit seinem angesetzten Turm und seinen wertvollen Deckenmalereien im Innern wieder in altem Glanz da. Die Besitzer gewähren trotz der privaten Nutzung am »Tag des offenen Denkmals« Einblicke in das Innere. Und manchmal darf das Lüsterweibchen, der Kronleuchter aus Geweihstangen mit eingearbeiteter weiblicher Halbfigur, von der historischen Decke herunter den Jazzkonzerten zuhören.

**Adresse** Obertalfinger Weg 39, 89075 Ulm-Obertalfingen | **ÖPNV** mit der Straßenbahn Linie 1 bis zur Endstation Ostpreußenweg, der Obertalfinger Weg beginnt gleich dort | **Anfahrt** Von B 19 in die Böfinger Straße wechseln, weiter auf die Böfinger Steige, bis sie in den Obertalfinger Weg mündet. | **Tipp** Unterhalb des Schlosses liegt auf der anderen Seite der Donau der idyllische Pfuhler See, im Sommer ideal zum Baden.

# 103 Das Kraftwerk an der Böfinger Halde

*Umweltschonender Strom für fast 12.000 Haushalte*

Was Fotos nicht vermitteln können, ist die Geräuschkulisse. Dieses Rauschen des Wassers ist so wohltuend, dass man stundenlang am Rande des Kraftwerks stehen und einfach nur zuhören könnte. Aber auch die Optik ist beeindruckend. Der Erbauer der 1953 entstandenen Anlage hat es geschafft, die energieerzeugende Kraft des Wassers architektonisch darzustellen. Die vier halbrunden Säulen mit den verglasten Häuschen darauf wirken majestätisch und heimelig zugleich.

Das Laufwasserkraftwerk unter der Böfinger Halde ist die größte und modernste wasserbetriebene Stromerzeugungsanlage im Besitz der Ulmer Stadtwerke. Seit der Modernisierung im Jahr 2010 hat das Wasser der Donau eine Fallhöhe von sieben Metern und treibt zwei Kaplanturbinen an, deren Laufräder einen Durchmesser von 3,9 Metern haben. Die Turbinen treiben wiederum zwei Generatoren an, die die Rotationsenergie in Strom umwandeln. Im Normalbetrieb stürzen pro Sekunde etwa 152.000 Liter Wasser auf die Turbinen hinab und erzeugen damit pro Jahr 51 Millionen Kilowattstunden Strom. Das Kraftwerk hat also seit seiner Entstehung schon über drei Milliarden Kilowattstunden an elektrischer Energie erzeugt, eine Menge, mit der man Ulm drei Jahre lang mit Strom hätte versorgen können.

Die »Böfinger Halde« führt dem Netz der Stadtwerke zwar mehr als die Hälfte des aus Wasser gewonnenen Stroms zu, ist aber nicht das einzige Wasserkraftwerk. Zusammen mit weiteren sieben Kraftwerken beträgt die jährliche Stromproduktion aus Wasser etwa 100 Millionen Kilowattstunden. Diese Zahl ist noch beeindruckender, wenn man erfährt, dass dadurch der Ausstoß von 90.000 Tonnen $CO_2$ pro Jahr vermieden wird. Für die nächsten Jahre sind drei neue Wasserkraftwerke geplant, die weitere 20 Millionen Kilowattstunden im Jahr erzeugen und 18.000 Tonnen $CO_2$ vermeiden sollen.

**Adresse** Talfinger Uferstraße 10 in Höhe der Kläranlage Steinhäule, 89073 Ulm-Oststadt | **ÖPNV** Straßenbahn Linie 1, Haltestelle Talfingen | **Anfahrt** Von B 19 in die Böfinger Straße und dann in die Talfinger Uferstraße entlang der Donau fahren. | **Tipp** Der Parkplatz am Kraftwerk ist ein beliebter Ausgangspunkt für Radtouren auf dem Donauradweg donauabwärts.

# 104 Der Tiergarten

*Einheimische Fische, Streichelschweine und vieles mehr*

Es war eine traurige Nachricht für alle Ulmer, als bekannt wurde, dass das Lieblingstier aller Kinder, das Hängebauchschwein Jonathan, im stattlichen Schweinealter von fast 15 Jahren gestorben war. Zum Trost gibt es noch die Hängebauchschweine Benedikt, Franz und Ernie. Selbstverständlich besuchen die Kinder den Zoo weiterhin gern, es gibt ja so viel zu sehen und zu erleben.

Gleich zu Beginn des Rundgangs tauchen die kleinen und großen Besucher in die Tiefen der Donau ab, ohne nass zu werden. Das 2008 eröffnete, 310 Kubikmeter umfassende Donauaquarium macht es möglich. Man geht durch einen durchsichtigen Tunnel und ist dank einer zehn Zentimeter dicken Plexiglasscheibe mitten im Unterwassergeschehen mit all den Tieren und Pflanzen, die in der Donau leben. In einem weiteren Großaquarium kann man die faszinierende Welt eines Korallenriffs mit seinen leuchtend bunten Fischen bestaunen. Die angrenzenden Terrarien beherbergen seltsame Wüstentiere wie den grünen Leguan und Riesenschlangen, denen man gefahrlos direkt ins Auge schauen kann. Bei den Krokodilen ist mehr Distanz notwendig, schließlich sind die bis zu fünf Meter langen Flusstiere nicht ganz ungefährlich. Im Gegensatz dazu klettern die Affen im Tropenhaus einem ziemlich nah an der Nase vorbei.

Das Außengehege ist ein übersichtlicher, aber sehr schön angelegter Park mit Bärengehege und Kinderbereich. Herrlich zu beobachten, wie die Kinder beim Streichelzoo die Tiere liebevoll kraulen und füttern. Direkt zwischen Innen- und Außenbereich steht ein kleiner Kiosk, in dem es alles gibt, was man bei einem Zoobesuch so braucht: warme und kalte Getränke, heiße Würstchen, Süßigkeiten und Souvenirs. Kostenlos dazu erhält man Antworten auf fast alle Fragen, die große und kleine Gäste so stellen. Zum Beispiel, wer im Zoo die besten Chancen hat, das neue Lieblingstier der Kinder zu werden.

**Adresse** Friedrichsau 40, 89073 Ulm-Oststadt, Tel. 0731/1616742 | **ÖPNV** Straßenbahn Linie 1, Haltestelle Donauhalle | **Anfahrt** Auf B 19 bis Messe Ulm fahren, die dortigen Parkplätze benutzen. | **Öffnungszeiten** täglich April–Sept. 10–18 Uhr, Okt.–März 10–17 Uhr | **Tipp** Im Tiergarten Ulm kann man auch Schulstunden oder Kindergeburtstage abhalten. Informationen über das pädagogische Programm erhält man an der Kasse.

# 105 Das Meinloh-Murale

*900 Jahre alte Liebesgedichte aus Söflingen*

Man hat ihm nicht nur eine vielleicht etwas unattraktive Straße gewidmet, sondern auch eine Schule nach ihm benannt und ihn auf dem Gemeindebrunnen verewigt, den Meinloh von Sevelingen. Immerhin schrieb der wahrscheinlich aus Söflingen stammende Minnesänger eines der schönsten Liebesgedichte des Mittelalters, allerdings in mittelhochdeutscher Sprache, was sich dann so las: »Ich sach boten des sumers, daz wâren bluomen alsô rôt. weistu, schoene frouwe, waz dir ein ritter enbôt? verholne sînen dienest …« Gleich mehrere Poeten der Romantik übertrugen das Gedicht in die Sprache ihrer Zeit. Um 1820 formulierte der Dichter Wilhelm Müller die Verse so: »Ich sah Boten des Sommers, das waren Blumen so rot. Weißt du noch, schönes Fräulein, was neulich ein Ritter dir bot? Er verbot dir verhohlene Minne« (Er versprach Dir heimlich seine Liebe). Den Text entnahm Müller der damals schon berühmten »Manessischen Liederhandschrift«, der umfangreichsten Sammlung mittelalterlicher Lyrik in deutscher Sprache. Darin sind nicht nur eine Reihe von Gedichten Meinlohs zu entdecken, sondern auch ein Bild von ihm.

Was waren eigentlich Minnesänger? Minne ist ein altes Wort für Liebe. Minnesänger waren demnach Musiker und Sänger, die von Burg zu Burg zogen und die Burgbewohnerinnen mit Liebesliedern unterhielten. Zur Begleitung ihres Gesangs spielten sie eine Harfe oder eine Fiedel. Die Burgbewohner erhofften von den Sängern zusätzlich die neuesten Nachrichten von anderen Adelshöfen. Schließlich gab es damals weder Zeitung noch Radio oder Fernsehen.

Ob sich oft ein Burgfräulein in einen Minnesänger verliebt hat, ist nicht bekannt, wohl aber deuten die Bilder in der »Manessischen Handschrift« darauf hin. Besonders bei so hübsch gelockten Minnesängern wie Meinloh schmolzen vermutlich die Herzen der Damen reihenweise dahin, nicht anders als heutzutage beim Auftritt eines Popstars.

Adresse Gebäude zwischen Meinlohstraße und Klosterstraße (Rad- und Fußweg). Das Murale ist von der Klosterstraße aus zu sehen, 89081 Ulm-Söflingen | ÖPNV Straßenbahn Linie 1 bis Endstation Söflingen, Bus Linie 11, Haltestelle Clarissenstraße | Anfahrt Von Blautalbrücke (B 28) auf Herrlinger Straße, dann rechts in die Meinlohstraße fahren. | Tipp In unmittelbarer Nachbarschaft steht der Kosterhof Söflingen. Das Clarissen-Kloster wurde unter anderem berühmt wegen der Briefe sehr weltlichen Inhalts, die dort entdeckt wurden.

# 106 Die neue Moschee

*Der steinige Weg zum gemeinsamen Gebet*

Es war der Lebenstraum von Hasan Yildiz, in Ulm für seine muslimische Gemeinde eine schöne Moschee zu bauen. »Schließlich hat Ulm ein schönes Münster, da sollte unser Gotteshaus auch den Menschen gut gefallen«, meint der Vereinsvorsitzende des türkischen Kulturvereins DITIB. Doch bis es so weit war, waren viele Hindernisse zu überwinden. Das erste Mal scheiterte das Bauvorhaben an den Ansprüchen der Anlieger. Deswegen kaufte man sich ein ehemaliges Hochregallager im Industriegebiet, um Probleme mit Anwohnern möglichst zu umgehen. Es war ein riesiger Kraftakt für den Verein, die Bausumme von 1,9 Millionen Euro zusammenzubringen, ohne Schulden zu machen, aber mittlerweile steht die Moschee samt Supermarkt, Schnellrestaurant, Konferenzräumen und Koranschule. Sehr schön ist sie und gilt gleichzeitig auch als eine der größten in Deutschland.

Markantes Erkennungsmerkmal von außen ist das 12,5 Meter hohe Minarett aus blauem Glas. Im Innern fällt zuerst einmal der riesige, 700 Kilogramm schwere Leuchter mit seinen 141 Glühbirnen auf. Der strahlend weiße Marmor der Kanzel, der Gebetsnische und des Lehrstuhls stammt aus denselben Steinbrüchen einer Insel im Marmarameer, in denen schon das Material für den Pergamonaltar gewonnen wurde. Zwei Monate malten chinesische Muslime an den kunstvollen Ornamenten, die die Wände zieren, und in vier Wandnischen sind die wichtigsten islamischen Religionszentren abgebildet.

Die Moschee ist immer geöffnet, nicht nur für Muslime. Der Austausch mit anderen religiösen Gemeinschaften ist mittlerweile zum Alltag geworden. Man schätzt sich und besucht sich gegenseitig. Nur die neuen Nachbarn machten 2013 auch hier Sorgen. Sie erzwangen gerichtlich den Bau eines Parkhauses, obwohl die Stadt mit den vorhandenen 120 Parkplätzen zufrieden war. Wie viele Parkplätze kann eigentlich das Münster vorweisen, fragt man sich da stirnrunzelnd?

Adresse Herrlinger Straße 68, 89081 Ulm-Söflingen | ÖPNV Straßenbahn Linie 1 bis Endpunkt Söflingen, dann Linie 11, Haltestelle Clarissenstraße | Anfahrt Von Blaubeurer Straße (B 28) über Kurt-Schumacher-Ring in die Herrlinger Straße fahren. | Tipp Unmittelbar in der Nähe ist das Blautal-Center in der Blaubeurer Straße 95, mit seiner 500 Meter langen Shoppingmall.

# 107 Das Restaurant Zum Franzl

*Österreichischer Augen- und Gaumenschmaus*

In diesem Lokal gibt's den Franzl gleich zweifach. Der eine schaut in Paradeuniform gütig und mit Orden wohldekoriert aus seinem vergoldeten Rahmen auf die Menschen unserer Zeit herab, Kaiser Franz Josef I., Gott hab ihn selig. Der andere ist quicklebendig und sorgt sich rührend um das Wohl seiner Gäste. Der eine hat sie geliebt, der andere liebt sie noch immer: die österreichische Küche. Dass Franzl ausschließlich Gerichte aus unserem Nachbarland anbietet, ist kein Problem. Wer die Speisekarte studiert, dem läuft einfach nur das Wasser im Mund zusammen. Angefangen bei der Grießnockerlsuppe, über den Grinzinger Salat bis zum Rinderfilet Esterhazy oder einem Fiakergulasch als Hauptspeise. Franzl selbst liebt am meisten Nachspeisen, darum ist das Angebot an Desserts besonders groß. Von den vielen angebotenen Variationen wären als Beispiel die sechs verschiedenen Palatschinken-Variationen, der Kaiserschmarren und die Salzburger Nockerln zu erwähnen.

Und das kocht er alles in einer winzigen Küche, jede Mahlzeit wird frisch zubereitet. »Das ist nur eine Frage der Logistik«, meint Franz Groiss, so sein bürgerlicher Name, mit einem kleinen Augenzwinkern. Kaum zu glauben, wie er hier für 40 Personen ein Menü zaubern kann.

Eigentlich ist das Lokal eine Sehenswürdigkeit für sich, ein kleines, skurriles Museum. Da gibt es keinen Fleck an der Wand, der nicht mit einem Wiener Motiv behängt ist. Selbst die Decke ist durchgängig dekoriert, man kann sich kaum sattsehen. Wer einem menschlichen Bedürfnis nachgehen muss, der erlebt auf dem WC eine große Überraschung. Das Männerklo ist voll mit Bildern leicht bekleideter Damen. Dafür können Frauen auf ihrem Örtchen attraktive Männer ebenfalls in erotischen Posen bewundern, aber alles geschmackvoll gestaltet. »Hier kriegen pubertierende Jugendliche gern mal eine plötzliche Blasenschwäche«, meint Franzl dazu und schmunzelt.

Adresse Ochsengasse 2, 89077 Ulm-Söflingen, Tel. 0731/384897 | ÖPNV Straßenbahn Linie 1 bis zur Endstation Söflingen, das Lokal liegt gleich um die Ecke. | Öffnungszeiten Di–Sa ab 18 Uhr | Tipp Das Museum in der Klostermühle stellt die Geschichte Söflingens dar und bietet regelmäßig Sonderausstellungen (Klosterhof 16, So und Feiertage 14–17 Uhr geöffnet).

# 108 Die Wilde Brunhilde

*Wer hat die wilde Dame in den Sand gesetzt?*

Gestehen wir es gleich vorab, es war kein unerfahrener Steuermann, der dieses 16 Meter lange Schiff die Donau hinauf bis zur oberen Blauinsel gelenkt und es dann auf dem Kinderspielplatz in den Sand gesetzt hat. Nein, es war eine Firma für Spielplatzgeräte, die kurzerhand ihre Werkstatt zu einer Schiffswerft umfunktionierte und dann die vorgefertigten Teile auf dem Spielplatz neben der großen Blau zusammengebaut hat. Ein wirklich prächtiges Gefährt!

Immer wieder taucht jetzt eine Schar kleiner Seeleute auf und geht mit der »Wilden Brunhilde« auf große Fahrt. Nach dem Besteigen werden zuerst die Aufgaben an Bord verteilt. Der Kapitän oder die Kapitänin gibt von der Brücke aus per Sprechrohr klare Anweisungen an die Mannschaft. Der Steuermann oder die Steuerfrau ergreift das Steuerrad und kontrolliert auf dem Kompass, ob die Richtung stimmt. Am Bug werden pantomimisch die Segel gesetzt, dann gibt der erste Offizier dem Kapitän vom Bug her ebenfalls per Sprechrohr zu verstehen, dass alles klar zum Start ist. Mit vollen Segeln gleitet dann der Kahn Richtung Westen, übersteht gefährliche Stürme und Flauten.

Ernst wird es, wenn der Kapitän mit seinem Fernrohr Piraten entdeckt, die aus Richtung Häusermeer das Schiff entern wollen. Über Strickleitern und die Kletterwand am Heck gelingt es den Seeräubern und Seeräuberinnen leider allzu oft, das Schiff zu erobern. Die Mannschaft rettet sich dann in letzter Sekunde über die Rutsche, die von der Kapitänsbrücke direkt ins Sandmeer führt. Nach beendetem Kampf versöhnen sich die Kontrahenten in der Regel wieder.

Den Namen »Wilde Brunhilde« hat sich übrigens die Kita »Wuselvilla« ausgedacht, die dafür als Preisgeld 150 Euro einheimste. Bei der Schiffstaufe waren 120 Kinder der umliegenden Kindergärten zugegen und schmetterten unzählige Wasserbomben gegen die Schiffswand. Schiff ahoi und gute Reise, »Wilde Brunhilde«.

Adresse Beim B'scheid, 89077 Ulm-Söflingen | ÖPNV Buslinien 8, 36, 37, 38, Haltestelle Beim B'scheid | Anfahrt Von der Blaubeurer Straße (B 28) kurz hinter dem großen Kreisel in die Straße »Beim B'scheid« einbiegen. | Tipp In Ulm gibt es noch zwei andere Spielplatzschiffe: auf der Blauinsel am Lautenberg und auf dem Karlsplatz. Die »Wilde Brunhilde« ist das neueste.

# 109_Die Allegorie der Mathematik

*Wo die gesammelte Weisheit des Abendlandes stand*

Um seine kostbaren Bücher zu präsentieren, scheute der Wiblinger Abt Meinrad Hamberger keine Kosten und Mühen und ließ zwischen 1740 und 1750 von den angesehensten Künstlern im süddeutschen Raum einen Bibliothekssaal erbauen, der noch heute zu den schönsten nördlich der Alpen zählt.

»In welchem alle Schätze der Weisheit und der Wissenschaft verborgen sind« kündet eine Inschrift und beansprucht somit, dass das gesamte Wissen der damaligen Zeit in diesem Saal nachlesbar ist. 15.000 Bücher zählte die Sammlung, darunter eine große Menge alter Handschriften, die schon in der damaligen Zeit als sehr wertvoll galten. Das waren mehr Bücher, als manche Universitätsbibliothek besaß. Schönheit und Wissen bilden in diesem Barocksaal eine Einheit. Ein Deckenfresko überspannt den ganzen Raum und widmet sich in verschiedenen Architektur- und Landschaftskulissen der christlichen Theologie, der Ordensgeschichte und der hellenistischen Weisheit. Vor den Säulen stehen acht lebensgroße Skulpturen, die die Glaubenswerte und verschiedenen Wissenschaften darstellen sollen. Am augenfälligsten ist die Allegorie der Mathematik, die Zirkel und Winkel in der einen und eine Schreibtafel mit Buchstaben und Zahlen in der anderen Hand hält.

Als 1806 das Kloster im Rahmen der Säkularisation aufgelöst wurde, verlor die Bibliothek ihren Bücherbestand. Was die französischen Offiziere nicht mitgenommen haben, wurde von dem neuen Besitzer, dem König von Württemberg, zu Geld gemacht oder ins eigene Archiv eingegliedert. Nur noch 71 Bände aus dem ehemaligen Bestand stehen heute mit 7.000 weiteren Bänden in den Regalen und sind aus dem Besitz der Stadtbibliothek Ulm.

Das Besondere daran ist: Die Bücher sind im Gegensatz zu früher für jedermann zugänglich und können ausgeliehen werden.

**Adresse** Kloster Wiblingen, Bibliothekssaal, Schlossstraße 38, 89079 Ulm-Wiblingen, Tel. 0731/5028975 | **ÖPNV** Buslinie 3 oder 8, Haltestelle Pranger | **Anfahrt** B 28, Abzweigung Wiblingen, den Hinweisschildern folgen. | **Tipp** Die Klosteranlage Wiblingen bietet natürlich außer der Bibliothek auch noch einen prächtigen Kapitelsaal und eine Kirche, die ebenfalls zu den Perlen des schwäbischen Barocks zählt.

# 110_Der Lichternsee

*Natur pur zwischen Industrie- und Wohngebiet*

Im 19. Jahrhundert sah die Ernährungslage in Deutschland noch wesentlich anders aus als heute. Auch in Ulm hatten die Menschen immer wieder mit Hungersnöten zu kämpfen, obwohl jeder Quadratmeter landwirtschaftlicher Fläche sorgfältig bearbeitet wurde. Da lag es für die Ulmer nahe, die ausgedehnten Niederungen der Donau als Agrarfläche zu nutzen, indem sie den Fluss begradigten und die gewonnene Fläche trockenlegten. 1.200 Hektar Wiesen und Ackerland entstanden so in der Nähe der großen Stadt, für die Ernährungslage der Bevölkerung ein gewaltiger Fortschritt.

Doch jeder Fortschritt hat auch seine Schattenseiten. Plötzlich stieg der Pegel der Donau bei Hochwasser in nie gekannte Höhen und überschwemmte Stadt und Land. Gleichzeitig zog sich die Natur zurück, das ökologische Gleichgewicht ging verloren. Erst vor wenigen Jahrzehnten entdeckte man diese Zusammenhänge und ergriff Gegenmaßnahmen. So auch im Westen Ulms. Durch Baggeraushub im Bereich des Lichternsees und des gegenüberliegenden Sees namens Gronne schuf man nicht nur ein Rückhaltebecken für die flussabwärts liegenden Kraftwerke, sondern auch die Voraussetzung für ein ausgedehntes Schutzgebiet. Und siehe da: Die Natur kam Stück für Stück wieder zurück.

Inzwischen haben hier Biber und Eisvogel, Gänsesäger und Zwergtaucher, Wasserralle und Bekassine eine neue Heimat. Scharen von Zugvögeln finden auf ihrer langen Reise einen sicheren Rast- und Ruheplatz, der zudem genügend Nahrung bietet. Seit 2015 ist der 94 Hektar umfassende Bereich Gronne und Lichternsee offiziell Naturschutzgebiet. Es hat seine Zeit gebraucht, bis die Interessen von Vogelschützern, Fischern und Naherholungssuchenden unter einem Hut waren, doch mit dem jetzigen Kompromiss können alle leben und sich gemeinsam über ein Stück Natur freuen, dem sich übrigens auch das Naturkundemuseum Ulm mit einer umfassenden Ausstellung gewidmet hat.

**Adresse** Naturschutzgebiete Lichternsee, 89079 Ulm-Wiblingen | **ÖPNV** Buslinie 8 Donautal, Haltestelle Fa. Seeberger | **Anfahrt** B 30, beim Kleeblatt Wiblinger Ring kurz auf Wiblinger Allee, dann 500 Meter auf Laupheimer Straße. Hier beginnt rechts der Weg zu einem Steg. | **Tipp** Durch das Naturschutzgebiet führt ein langer Fußgänger- und Radfahrersteg, von dem aus man das Gebiet gut überblicken und auch sehr gut die Tiere beobachten kann.

# 111 Der Garten Eden

*Bewegung und Erbauung für Jung und Alt*

Für Schwester Patricia ist ein Lebenstraum in Erfüllung gegangen: ein Garten für das Altenpflegeheim Maria Hilf, in dem auch Senioren mit Einschränkung körperlicher und geistiger Art Erholung und Anregung finden können. Der Garten ist aber nicht nur für die Bewohner des Heims zugänglich, sondern soll auch Menschen jungen und mittleren Alters anlocken. Denn gerade der Austausch zwischen den Generationen ist ein wichtiger Pfeiler des Therapiekonzepts.

Die Anlage ist in fünf verschiedene Erlebnisräume aufgeteilt. Im Sinnes- und Therapiegarten hat man die Möglichkeit, Pflanzen nicht nur zu betrachten, sondern auch zu riechen, zu schmecken und ihre Konsistenz zu ertasten. Damit dies auch für Rollstuhlfahrer möglich ist, sind viele Blumen, Kräuter und Gemüsesorten in Hochbeeten angepflanzt. Die Rabatten sind sorgfältig gepflegt, das Gemüse gedeiht prächtig. Zur Sensibilisierung des Ohrs gibt es einen Klangstein und ein Dendrophon, ein großes Glockenspiel aus Holz. Zur Aktivierung des Gehirns stehen Denkspiele und ein Bodenschachbrett bereit.

Im Bewegungsgarten finden sich Geräte, die gezielt für die Förderung der Beweglichkeit von Armen, Beinen, Rücken und Hüfte entwickelt wurden. Mehrere sind auch zu zweit benutzbar, was die Kontaktaufnahme zu anderen Menschen sehr erleichtert. Der Walderlebnisbereich bietet die Möglichkeit, Natur hautnah zu erleben, zu riechen, zu ertasten, zu hören und als besonderen Erholungsort zu erleben. Kontakt zu Tieren fördert das Wohlbefinden von Jung und Alt. Esel, Ponys, Ziegen, Hühner, Enten und Häschen stehen im Tierpark bereit und warten auf eine Streicheleinheit. Bleibt noch der Spielplatz, hier als Kinderaktivinsel bezeichnet, wo Kinder für sich herumtollen können.

Alles in allem war es eine tolle Idee von Kloster und Gemeinde, den Sinnesgarten als Begegnungsstätte zum Wohle aller Generationen in die Tat umzusetzen.

Adresse Freiherr-von-Speth-Straße 9, 89617 Untermarchtal | ÖPNV Bus 320 von Riedlingen nach Untermarchtal | Anfahrt Von B 311 Abzweigung Untermarchtal bis Ortsmitte, von dort auf die Freiherr-von-Speth-Straße nach rechts abbiegen. | Tipp Das Kloster bietet direkt am Garten einen reichhaltigen Mittagstisch und Kaffee und Kuchen an. Die Klosterkirche ist ein architektonisch äußerst interessanter Bau. Der Klosterladen verkauft Produkte aus der eigenen Metzgerei und Bäckerei sowie Devotionalien und Bücher.

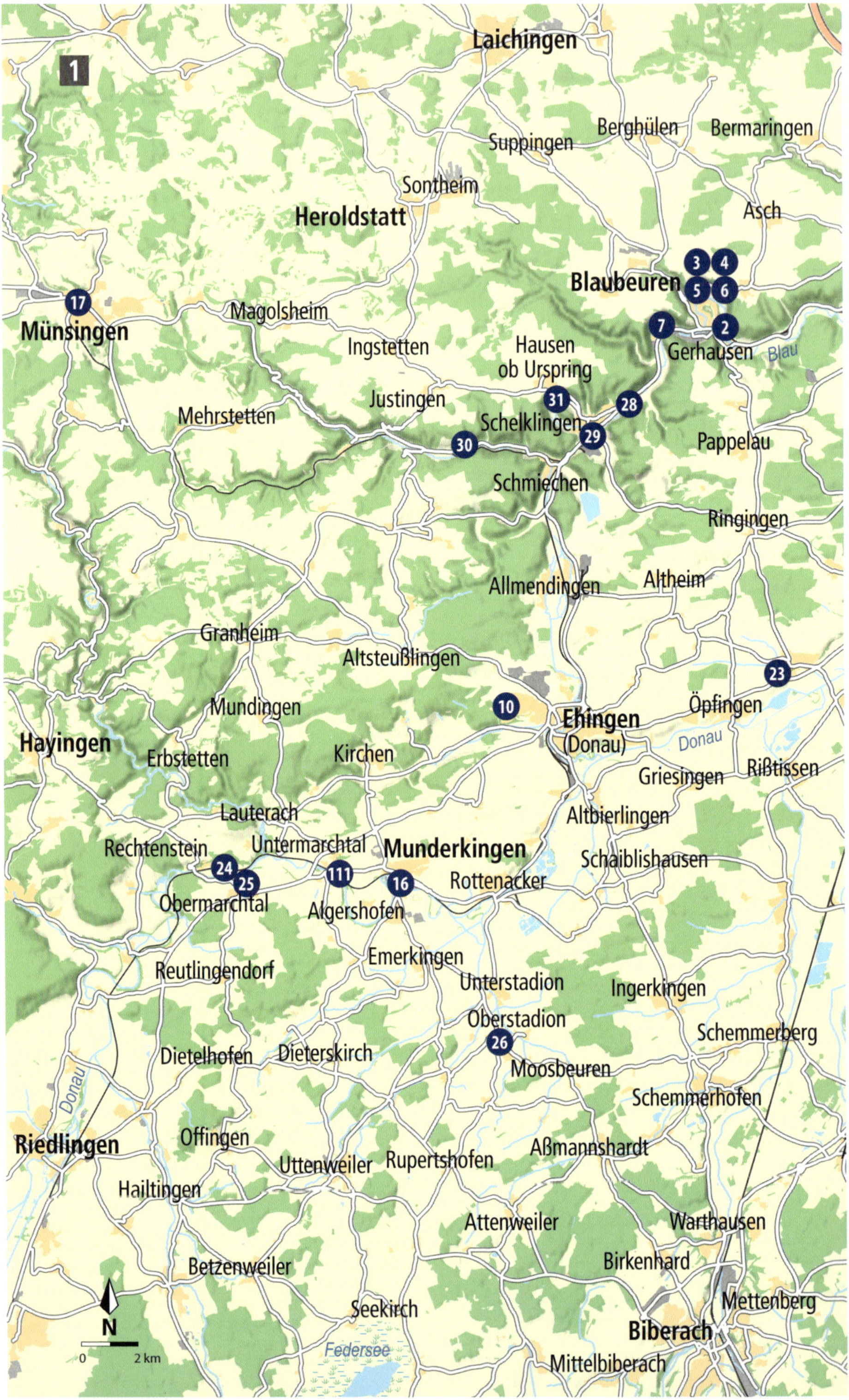
1
Laichingen
Berghülen
Bermaringen
Suppingen
Sontheim
Heroldstatt
Asch
Blaubeuren
Münsingen
Magolsheim
Ingstetten
Hausen
ob Urspring
Gerhausen
Blau
Justingen
Schelklingen
Mehrstetten
Pappelau
Schmiechen
Ringingen
Allmendingen
Altheim
Granheim
Altsteußlingen
Mundingen
Ehingen
(Donau)
Öpfingen
Donau
Hayingen
Erbstetten
Kirchen
Griesingen
Rißtissen
Lauterach
Altbierlingen
Rechtenstein
Untermarchtal
Munderkingen
Schaiblishausen
Rottenacker
Obermarchtal
Algershofen
Emerkingen
Reutlingendorf
Unterstadion
Ingerkingen
Oberstadion
Schemmerberg
Dietelhofen
Dieterskirch
Moosbeuren
Schemmerhofen
Donau
Riedlingen
Offingen
Aßmannshardt
Uttenweiler
Rupertshofen
Hailtingen
Attenweiler
Warthausen
Birkenhard
Betzenweiler
Mettenberg
Seekirch
Biberach
Federsee
Mittelbiberach
N
0
2 km
2
3
4
5
6
7
10
16
17
23
24
25
26
28
29
30
31
111

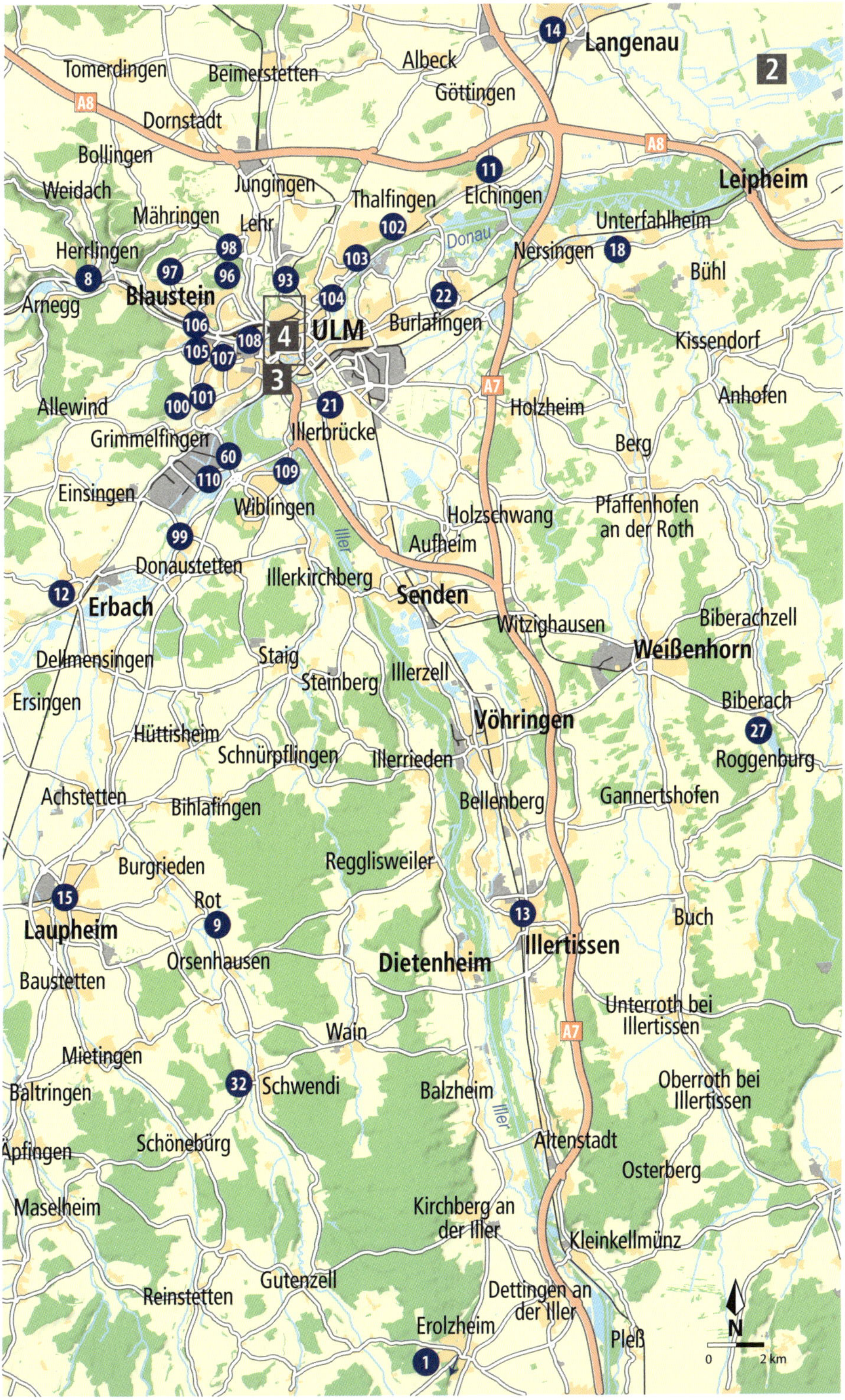

2
Langenau
Tomerdingen
Beimerstetten
Albeck
Göttingen
A8
Dornstadt
Bollingen
Weidach
Jungingen
Thalfingen
Elchingen
Leipheim
Mähringen
Lehr
Unterfahlheim
Donau
Herrlingen
Nersingen
Bühl
Arnegg
Blaustein
Burlafingen
ULM
Kissendorf
4
3
A7
Holzheim
Anhofen
Allewind
Illerbrücke
Berg
Grimmelfingen
Einsingen
Wiblingen
Holzschwang
Pfaffenhofen an der Roth
Iller
Aufheim
Donaustetten
Illerkirchberg
Erbach
Senden
Witzighausen
Biberachzell
Weißenhorn
Dellmensingen
Staig
Steinberg
Illerzell
Ersingen
Biberach
Vöhringen
Hüttisheim
Schnürpflingen
Illerrieden
Roggenburg
Achstetten
Bihlafingen
Bellenberg
Gannertshofen
Burgrieden
Regglisweiler
Rot
Buch
Laupheim
Orsenhausen
Dietenheim
Illertissen
Baustetten
Unterroth bei Illertissen
Wain
Mietingen
Schwendi
Balzheim
Oberroth bei Illertissen
Baltringen
Äpfingen
Schönebürg
Altenstadt
Osterberg
Maselheim
Kirchberg an der Iller
Kleinkellmünz
Gutenzell
Reinstetten
Dettingen an der Iller
Erolzheim
Pleß
N
0
2 km
14
11
102
18
98
97
96
8
103
93
104
22
106
108
105
107
21
100
101
60
110
109
99
12
27
15
13
9
32
1

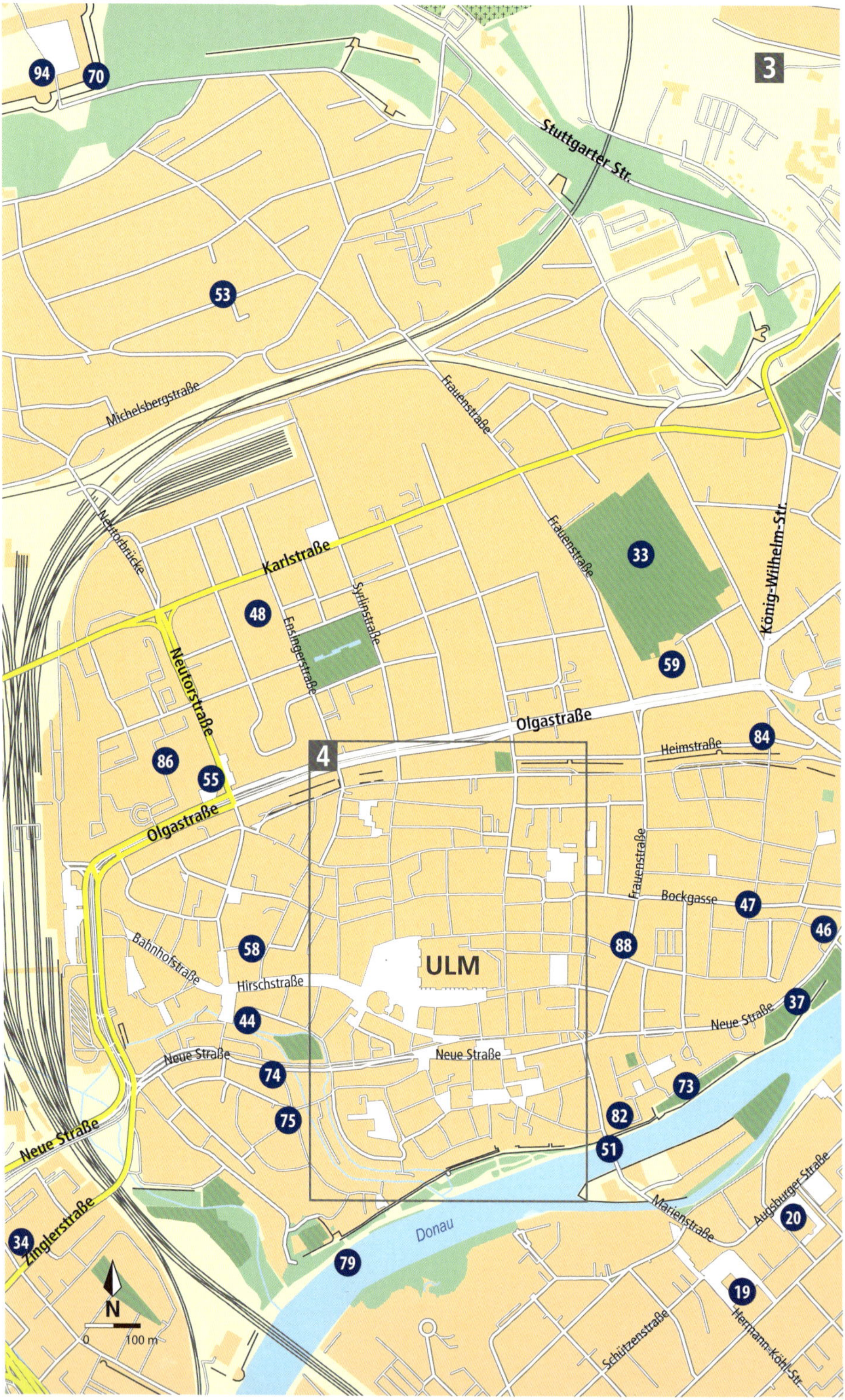
3
94
70
Stuttgarter Str.
53
Michelsbergstraße
Frauenstraße
Neutorbrücke
Karlstraße
Frauenstraße
33
König-Wilhelm-Str.
48
Ensingerstraße
Syrlinstraße
Neutorstraße
59
Olgastraße
84
4
Heimstraße
86
55
Olgastraße
Frauenstraße
Bockgasse
47
46
Bahnhofstraße
58
ULM
88
Hirschstraße
44
Neue Straße
37
Neue Straße
Neue Straße
74
73
75
82
Neue Straße
51
Zinglerstraße
Marienstraße
Augsburger Straße
20
34
Donau
79
N
19
0
100 m
Schützenstraße
Hermann-Köhl-Str.

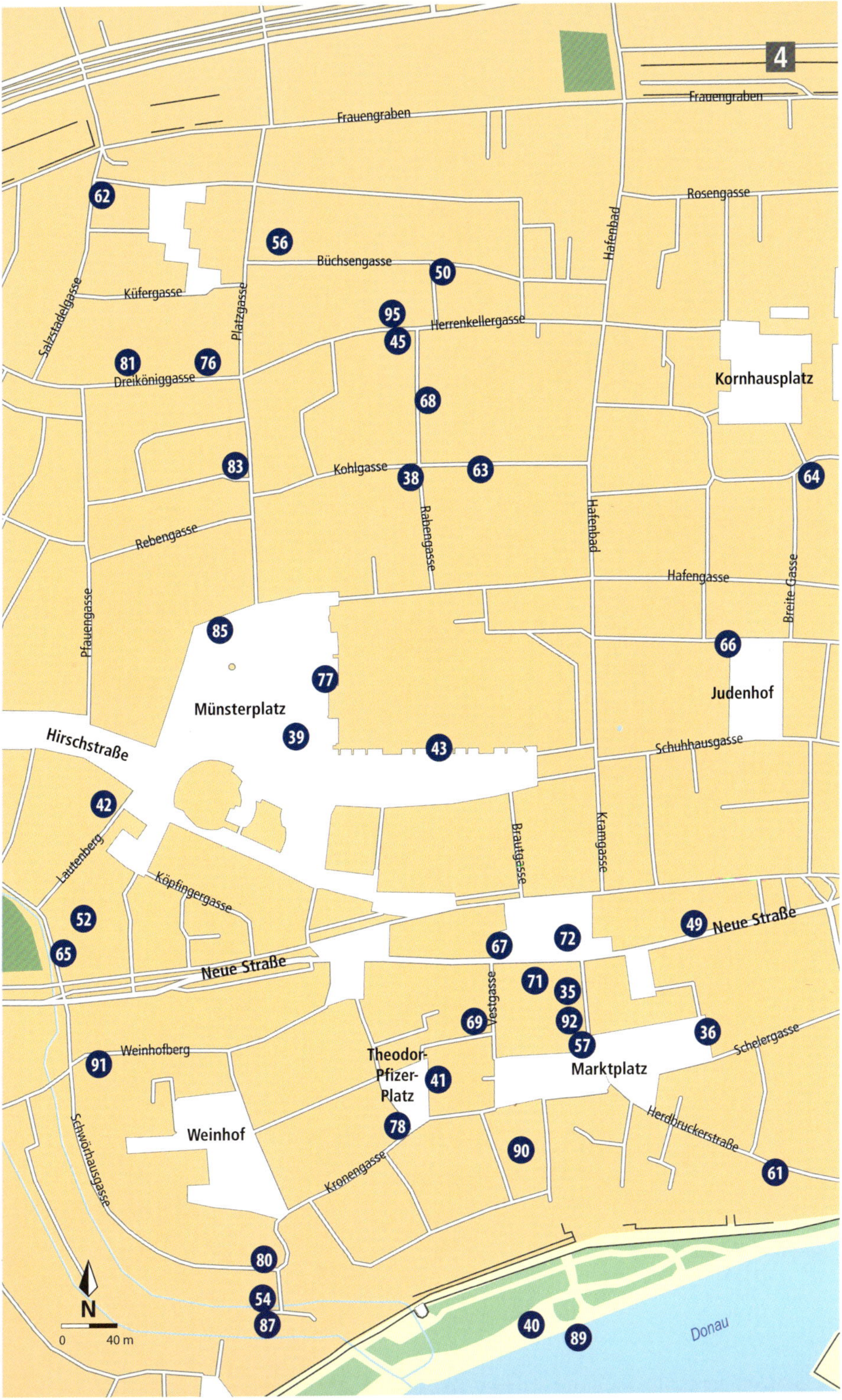
4
Frauengraben
Frauengraben
Rosengasse
Büchsengasse
Küfergasse
Salzstadelgasse
Platzgasse
Hafenbad
Herrenkellergasse
Kornhausplatz
Dreiköniggasse
Kohlgasse
Rabengasse
Rebengasse
Hafenbad
Hafengasse
Breite Gasse
Pfauengasse
Judenhof
Münsterplatz
Hirschstraße
Schuhhausgasse
Lautenberg
Köpfingergasse
Brautgasse
Kramgasse
Neue Straße
Neue Straße
Vestgasse
Weinhofberg
Theodor-Pfizer-Platz
Marktplatz
Schelergasse
Weinhof
Herdbruckerstraße
Schwörhausgasse
Kronengasse
Donau
N
0
40 m
62
56
50
95
45
81
76
68
83
38
63
64
85
66
77
39
43
42
52
65
49
67
72
71
35
92
57
36
69
91
41
78
90
61
80
54
87
40
89

Dorothee Fleischmann,
Carolina Kalvelage
**111 Orte in Budapest, die man gesehen haben muss**
ISBN 978-3-95451-744-2

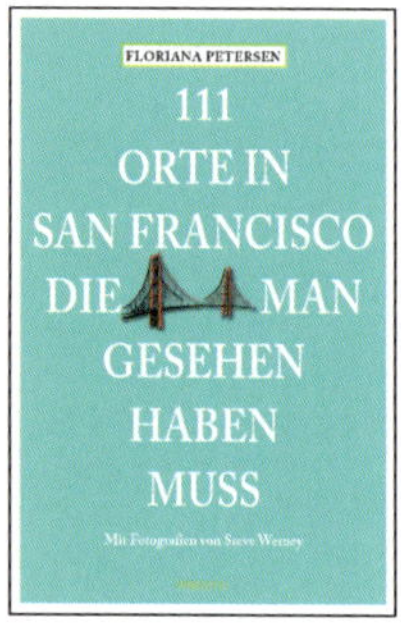


Floriana Petersen
**111 Orte in San Francisco, die man gesehen haben muss**
ISBN 978-3-95451-750-3

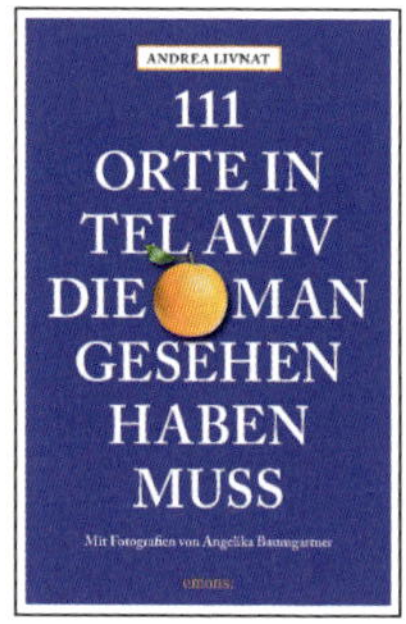


Andrea Livnat,
Angelika Baumgartner
**111 Orte in Tel Aviv, die man gesehen haben muss**
ISBN 978-3-95451-703-9

Oliver Schröter, Falk Saalbach
**111 Orte in Zürich, die man gesehen haben muss**
ISBN 978-3-95451-538-7

Cornelia Lohs
**111 Orte in Bern, die man gesehen haben muss**
ISBN 978-3-95451-669-8

Giulia Castelli Gattinara,
Mario Verin
**111 Orte in Mailand, die man gesehen haben muss**
ISBN 978-3-95451-617-9

Cornelia Ziegler,
Chris Sindermann
**111 Orte auf Kreta, die man gesehen haben muss**
ISBN 978-3-95451-540-0

Dorothee Fleischmann,
Carolina Kalvelage
**111 Orte an der Costa Brava, die man gesehen haben muss**
ISBN 978-3-95451-561-5

Jo-Anne Elikann
**111 Orte in New York, die man gesehen haben muss**
ISBN 978-3-95451-512-7

Ralf Nestmeyer
**111 Orte an der Côte d'Azur, die man gesehen haben muss**
ISBN 978-3-95451-563-9

Thomas Fuchs
**111 deutsche Biere, die man getrunken haben muss**
ISBN 978-3-95451-414-4

Rüdiger Liedtke,
Laszlo Trankovits
**111 Orte in Kapstadt, die man gesehen haben muss**
ISBN 978-3-95451-456-4

Gerd Wolfgang Sievers
**111 Orte in Venedig, die man gesehen haben muss**
ISBN 978-3-95451-352-9

Eckhard Heck
**111 Orte in Maastricht, die man gesehen haben muss**
ISBN 978-3-95451-368-0

Petra Sophia Zimmermann
**111 Orte am Gardasee und in Verona, die man gesehen haben muss**
ISBN 978-3-95451-344-4

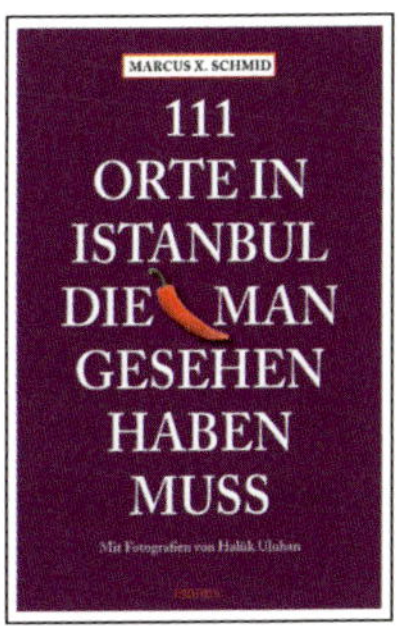


Marcus X. Schmid,
Halûk Uluhan
**111 Orte in Istanbul, die man gesehen haben muss**
ISBN 978-3-95451-333-8

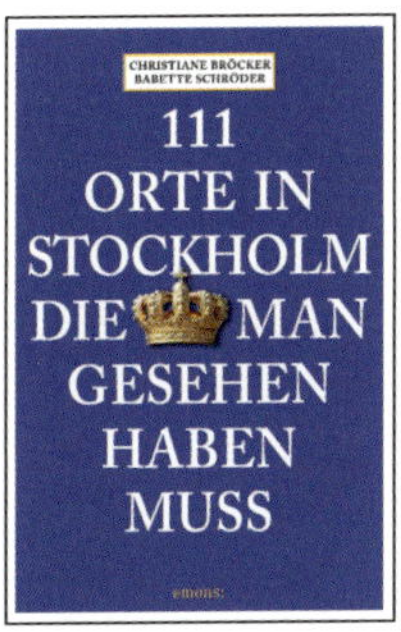


Christiane Bröcker,
Babette Schröder
**111 Orte in Stockholm, die man gesehen haben muss**
ISBN 978-3-95451-203-4

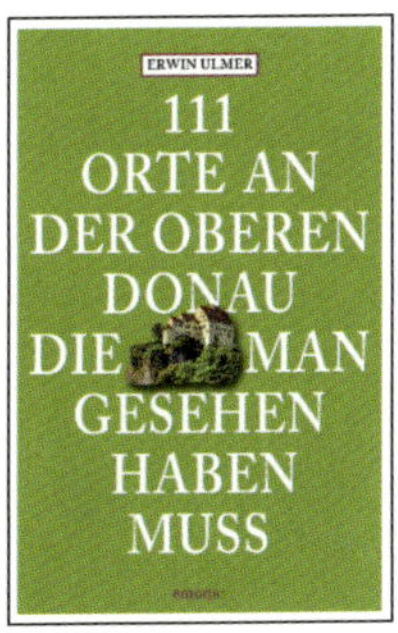


Erwin Ulmer
**111 Orte an der oberen Donau, die man gesehen haben muss**
ISBN 978-3-95451-494-6

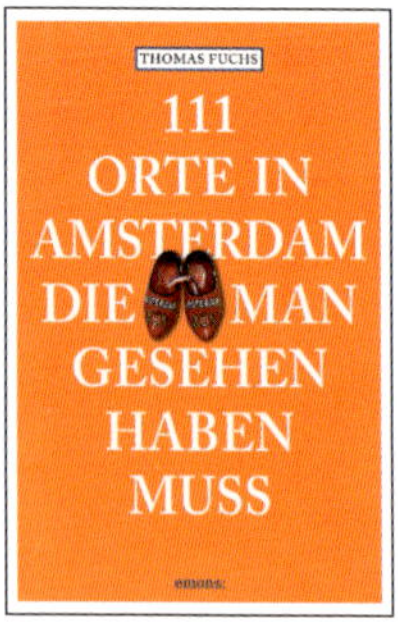


Thomas Fuchs
**111 Orte in Amsterdam, die man gesehen haben muss**
ISBN 978-3-95451-209-6

Annett Klingner
**111 Orte in Rom, die man gesehen haben muss**
ISBN 978-3-95451-219-5

John Sykes, Birgit Weber
**111 Orte in London, die man gesehen haben muss**
ISBN 978-3-95451-117-4

Bernd Imgrund
**111 deutsche Wirtshäuser, die man gesehen haben muss**
ISBN 978-3-95451-080-1

Susanne Thiel
**111 Orte in Madrid, die man gesehen haben muss**
ISBN 978-3-95451-118-1

Dirk Engelhardt
**111 Orte in Barcelona, die man gesehen haben muss**
ISBN 978-3-95451-066-5

Stefan Spath
**111 Orte in Salzburg, die man gesehen haben muss**
ISBN 978-3-95451-114-3

Ralf Nestmeyer
**111 Orte in der Provence, die man gesehen haben muss**
ISBN 978-3-95451-094-8

Peter Eickhoff, Karl Haimel
**111 Orte in Wien, die man gesehen haben muss**
ISBN 978-3-89705-969-6

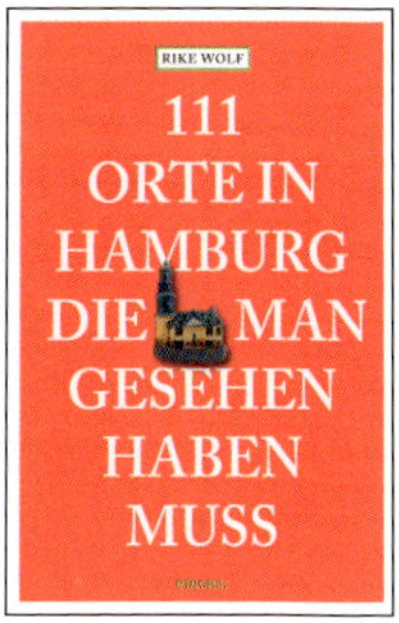


Rike Wolf
**111 Orte in Hamburg, die man gesehen haben muss**
ISBN 978-3-89705-916-0

Rüdiger Liedtke
**111 Orte auf Mallorca, die man gesehen haben muss**
ISBN 978-3-89705-975-7

Lucia Jay von Seldeneck, Verena Eidel, Carolin Huder
**111 Orte in Berlin, die man gesehen haben muss**
ISBN 978-3-89705-853-8

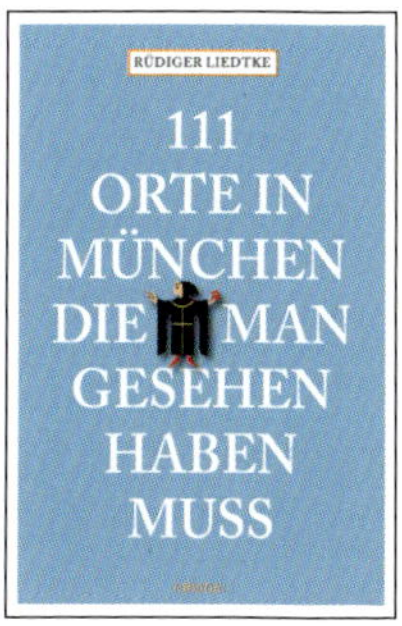


Rüdiger Liedtke
**111 Orte in München, die man gesehen haben muss**
ISBN 978-3-89705-892-7

Lucia Jay von Seldeneck, Verena Eidel, Carolin Huder
**111 Orte in Berlin, die man gesehen haben muss**
Band 2
ISBN 978-3-95451-207-2

Bernd Imgrund, Britta Schmitz
**111 Kölner Orte, die man gesehen haben muss**
Band 1
ISBN 978-3-89705-618-3

Bernd Imgrund, Britta Schmitz
**111 Kölner Orte, die man gesehen haben muss**
Band 2
ISBN 978-3-89705-695-4

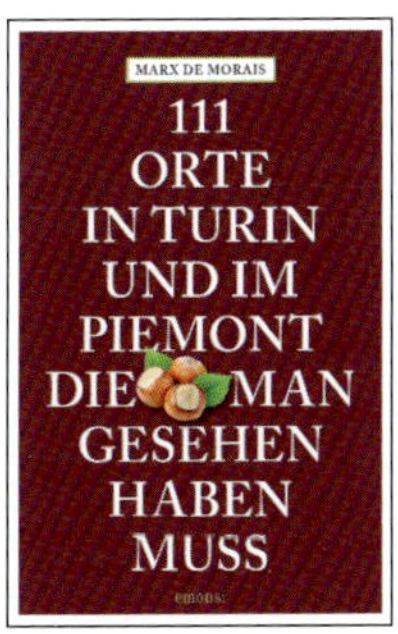


Marx de Morais
**111 Orte in Turin und im Piemont, die man gesehen haben muss**
ISBN 978-3-95451-736-7

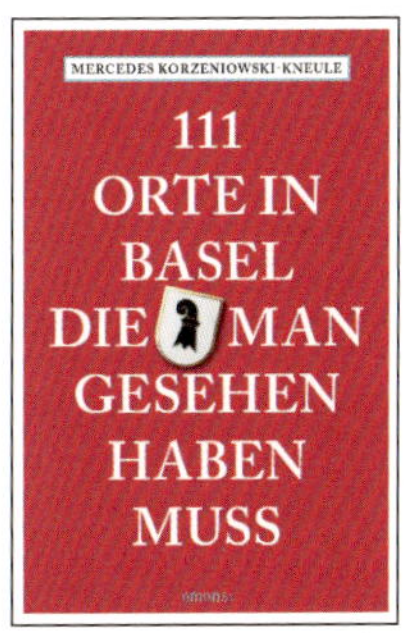


Mercedes Korzeniowski-Kneule
**111 Orte in Basel, die man gesehen haben muss**
ISBN 978-3-95451-702-2

*Der Autor*

**Erwin Ulmer,** Jahrgang 1949, kam aus beruflichen Gründen 1973 nach Tuttlingen an der Donau und ist seitdem begeistert von der Schönheit und Vielfalt des Donautals. Er war zwei Jahrzehnte Fortbildner für Landes und Heimatkunde und hielt zahlreiche Vorträge zur Geschichte, Geografie und Wirtschaft der jungen Donau. In seinem ersten 111-Orte-Buch über die Obere Donau beschrieb er schon etliche Orte in Ulm. Die Stadt begeisterte ihn dermaßen, dass er beschloss, ein ganzes Buch über die Heimatstadt seiner Vorfahren zu schreiben.